"DE MACHT VAN TWEE"

HET VOORGESLACHT
VAN DE KINDEREN VAN

HENDRIK KOOPMANS EN MINKE JAGER

DOOR

R. KOOPMANS

Voorwoord

Wie zijn mijn voorouders? Waar kwamen ze vandaan, waar woonden ze, wat deden ze?

Naar gelang iemand ouder wordt, wordt zijn toekomst kleiner en zijn verleden groter. Het lijkt of daarmee ook de belangstelling voor de toekomst kleiner en voor het verleden groter wordt. Wellicht is dit (mede) een verklaring voor het feit dat de bovengestelde vraag zich opdringt. Althans bij deze schrijver.

Al weer zeven jaar geleden verscheen het boekje *"KOOPMANS, Een Friese Familie door de Eeuwen heen"* met een genealogie vanaf de oudste gevonden voorvader van de familie waartoe de schrijver behoort. Dat boekje geeft evenwel maar zeer ten dele antwoord op de hierboven opgeworpen vraag. Hooguit twintig van de rechtstreekse voorouders komen daarin voor, namelijk alleen die in de mannelijke lijn.

In werkelijkheid is het aantal van iemands voorouders, als we zo'n vijf eeuwen teruggaan, vele duizenden. Die zullen natuurlijk nooit allemaal getraceerd kunnen worden, maar als we slechts tien generaties terug zouden kunnen gaan, dat is ruwweg drie eeuwen, komen we al op meer dan tweeduizend. Ook die zullen niet allemaal gevonden kunnen worden, maar met een redelijke mate van nieuwsgierigheid, volharding, tijd en zin komt men een heel eind. Van die hebbelijkheden is dit boekje het resultaat. Het bevat de namen en eventuele verdere bijzonderheden van een kleine negenhonderd voorouders.

Een kwartierstaat, zoals in deze publicatie uitgewerkt, geldt in feite slechts voor één persoon, de zgn. *kwartierdrager*, en voor al zijn zusters en broers als hij die heeft. Niettemin zal de kring van belangstellenden veel groter kunnen zijn. De ouderparen uit ons voorgeslacht beperkten zich namelijk in de regel niet tot het krijgen van slechts dat ene kind dat mijn voorouder is, maar ze kregen gemiddeld meer kinderen. Dat betekent dat het aantal nazaten van mijn voorouders veel en veel groter is dan de genoemde kwartierdragers. Als er onder die andere nakomelingen ook speurders naar hun voorouders zijn, zullen zij ongetwijfeld meer of minder ver in het verleden op een ouderpaar stuiten dat ook in dit boekje voorkomt. Dit kan hun dan heel wat verder zoekwerk besparen, in het bijzonder naar het verdere voorgeslacht. Zoals ook deze onderzoeker meermalen gebruik heeft gemaakt van door anderen gemaakte kwartierstaten. Er mag dus verondersteld worden dat de kring van potentiële belangstellenden in deze

3

publicatie aanzienlijk groter is dan alleen maar de elf kwartierdragers en hun nakroost.

Ook in dit boek zijn er vele hiaten, vraagtekens, veronderstellingen, en mogelijk onjuistheden die met verder onderzoek voor een deel (maar nooit volledig) vermeden of opgelost hadden kunnen worden. En dan is er uiteraard ook nog het te allen tijde geldende voorbehoud: bij de afstamming in de mannelijke lijn is er altijd een zekere mate van onzekerheid of de "officiële" vader dezelfde is als de biologische vader.

Er komt echter een moment waarop het streven naar volledigheid ondergeschikt wordt aan de wens om aan het wèl gevondene bekendheid te geven, waarbij dan de onvolkomenheden vooralsnog moeten worden geaccepteerd.

Niettemin, mocht iemand aanvullende of corrigerende informatie hebben dan wordt zij of hij vriendelijk uitgenodigd contact met de schrijver op te nemen.
Adres: Flat Oranjewoud 612, 8443 EZ Heerenveen.
E-mail: ruurd.koopmans@wxs.nl

Heerenveen, januari 2009

Inhoudsopgave

De "Zorg en Vlijt" omstreeks 1920, het "skûtsje" waarop acht van de elf kwartierdragers werden geboren. Aan het roer Hendrik Koopmans.

1. Wat is een Kwartierstaat?

Iemands voorgeslacht wordt gewoonlijk weergegeven in de vorm van een zogenaamde kwartierstaat. Zo ook in deze publicatie. Wat is dat precies?
Ieder mens heeft twee ouders, een vader en een moeder. En elk van die twee heeft ook weer twee ouders, de vier grootouders. En de ouders van deze vier zijn de acht overgrootouders, en hun ouders de zestien betovergrootouders. En zo vervolgens.

Dit betekent dus, als we het over onze voorouders hebben, dat het aantal personen per generatie verdubbelt met iedere generatie die we verder terug gaan. Hier worden we geconfronteerd met *de macht van twee*, de titel van dit boekje.

Twee personen, mits van verschillende kunne, zijn, gezamenlijk en in vereniging, bij machte van tweeën één te maken, en daarmee niet alleen het ganse mensdom in stand te houden, maar uiteindelijk ook die ene unieke persoon te genereren die ikzelf ben. Eén mens is daartoe niet in staat en drie is al één te veel. Als dat geen illustratie van de macht van twee is!

In de kwartierstaat gaat het om een andere macht van twee. Door de verdubbeling per generatie, hierboven aangeduid, is namelijk het aantal personen in een bepaalde vooroudergeneratie een macht van twee. Mijn betovergrootouders zijn vier generaties terug en hun aantal is daarom twee tot de macht vier, of $2^4 = 16$ personen. Gaan we tien generaties terug dan bedraagt het aantal personen in die generatie al $2^{10} = 1024$ personen. Allemaal voorouders. Alle tien generaties bij elkaar opgeteld brengt het aantal van mijn voorouders op $2^{11} - 2 = 2046$. Een respectabel aantal, en een goede demonstratie van "de macht van twee".

Het is praktisch uitgesloten om al deze personen in geschreven documenten te traceren. Naar gelang het oudere generaties betreft zal de kwartierstaat dus in toenemende mate open plekken vertonen. Maar anderzijds zijn er ook uit oudere generaties dan de tiende nog wel een aantal voorouders gevonden, de oudste zelfs uit de achttiende generatie terug.

De lijst van voorouders, systematisch gerangschikt volgens een bepaald nummersysteem (zie hoofdstuk 3) noemen we een kwartierstaat. Het is dus eigenlijk het omgekeerde van een stamboom. Een stamboom geeft, uitgaande van een bepaald persoon in het verleden, diens *nakomelingen* in uitwaaierende takken, twijgjes en loten. Een kwartierstaat toont, uitgaande van een bepaald persoon in het heden of het recente verleden, zijn *voorouders* in in de breedte uitwaaierende wortelvertakkingen.

Uit oogpunt van geschiedschrijving – want dat is het – zit er iets merkwaardigs in een kwartierstaat. Normaliter gaat men bij het schrijven van geschiedenis van het verleden naar het heden. Bij een kwartierstaat gaat het precies andersom: van het heden naar het verleden, *terug* in de tijd. De geschiedenis achterstevoren als het ware. Dit heeft consequenties voor de tekst. Woorden als "vorige" en "volgende", bijvoorbeeld met betrekking tot een generatie, moeten worden vermeden omdat zij een tegengestelde betekenis kunnen hebben: eerder of later *beschreven*, dan wel eerder of later *in de tijd*.

Onze voorouderparen beperkten zich in de regel niet tot het genereren van slechts één nakomeling, mijn voorouder. Gelukkig niet. De bevolking zou uitsterven als per echtpaar het proces "van tweeën één" niet meermalen werd herhaald. Mijn voorouders hebben dus in de regel meer nakomelingen dan die ene die ikzelf ben of die mijn voorvader/-moeder is. En daarmee lopen er heel wat mensen rond die voor een deel dezelfde voorouders hebben als ik. Het is zelfs niet ongewoon dat van een echtpaar de beide echtelieden gemeenschappelijke voorouders hebben, en dus (verre) familie van elkaar zijn. Kortom, als je gaat graven in je verleden, kom je elkaar tegen doordat je stuit op gemeenschappelijke voorouders. Dat maakt een kwartierstaat niet alleen voor de kwartierdrager maar ook voor vele anderen interessant. Getuige de vele kwartierstaten die in boekvorm gepubliceerd zijn of tegenwoordige in toenemende mate op internet zijn te vinden. Bij het onderzoek naar de voorouders die in dit boek voorkomen is in heel veel gevallen gebruik gemaakt van andere kwartierstaten of andere genealogische publicaties. Waar dit het geval is, wordt bij de betreffende naam een (*) geplaatst en in bijlage 3 de bron vermeld.

2. Kwartierverlies.

Er zijn mensen die er op bogen aanwijsbaar een afstammeling te zijn van Karel de Grote, de Frankische koning die in het jaar 800 door de paus te Rome tot keizer werd gekroond. Hij leefde dus 1200 jaar geleden. Dat is al gauw zo'n 35 of meer generaties. De personen die deze afstamming claimen, en trouwens alle andere nu levende personen, zouden rond het jaar 800 een aantal voorouders gehad hebben van tenminste 2^{35} en dat is een getal van meer dan 34 miljard.

En dan zitten we met een probleem. Dat getal van 34 miljard is namelijk veel meer dan de *huidige* totale wereldbevolking, zelfs meer dan vijf keer zo veel. Laat staan dus de veel lagere bevolking in het jaar 800, die volgens wetenschappers niet veel meer dan 300 miljoen zal hebben bedragen, waarvan ongeveer 20%, oftewel 60 miljoen, in Europa. (Chinezen als voorouders in die tijd is niet erg waarschijnlijk!). Er is dus kennelijk iets mis met die "macht van twee".

Dat is inderdaad het geval. Er moet een correctiefactor op toegepast worden. Die factor heet in de genealogie *kwartierverlies*. Er bestaat ook een negatiever woord voor: *inteelt*. Die treedt op als er tussen de beide leden van een ouderpaar familieverwantschap bestaat.

Stel dat mijn ouders neef en nicht van elkaar zijn, dat is familieleden in de vierde graad. Dan hebben zij gemeenschappelijke grootouders, dus geen vier, maar twee. Ik heb dan niet acht maar slechts vier overgrootouders, en dit werkt door in het aantal voorouders in elke verdere generatie. Dat aantal wordt dan met de helft verminderd. Een niet onaanzienlijke reductie dus.

Natuurlijk komt het niet zo vaak voor dat een ouderpaar neef en nicht van elkaar is. Als er al een familieverwantschap bestaat, is het veel vaker een verwantschap in een (veel) verdere graad dan de vierde. Soms zo ver dat men er niet eens weet van heeft. Zie bijvoorbeeld hoofdstuk 20 in dit boekje. In die gevallen is het effect op het aantal voorouders geringer. Aan de andere kant neemt met het toenemen van het aantal voorouders enerzijds en de geringere totale bevolking anderzijds de kans op verwantschap tussen beide leden van een ouderpaar toe.

We zullen geen cijferexercitie geven van de invloed van "inteelt" op het aantal voorouders, doch volstaan met de volgende stellingen:

- naar gelang we verder in de tijd teruggaan blijft het aantal voorouders toenemen; de toename geschiedt aanvankelijk met een factor 2 per generatie (verdubbeling), maar deze factor wordt geleidelijk minder als gevolg van "dubbeltellingen";
- het aantal voorouders benadert terug in de tijd steeds meer de toenmalige totale bevolkingsomvang, (althans de omvang van dat deel van de bevolking dat nageslacht produceerde).

Terug naar Karel de Grote. De omvang van de Europese bevolking in zijn tijd wordt geschat op 60 miljoen. Ons theoretisch aantal voorouders in die tijd zou met 34 miljard meer dan 500 maal zoveel zijn! Er moet al een zeer aanzienlijke mate van kwartierverlies zijn willen we, met 35 generaties, met ons aantal voorouders binnen deze bevolkingsomvang blijven. Wat is dan de conclusie? De kans dat één van die voorouders Karel de Grote is, en dat ik dus van hem afstam, is veel en veel groter dan de kans dat ik *niet* van hem afstam! Anders gezegd: het overgrote deel van de nu levende Europeanen stamt van Karel de Grote af. Het bijzondere is dus niet de afstamming als zodanig, maar wel het feit dat je dit met schriftelijke bewijsstukken kunt staven. Dit is slechts aan enkelen voorbehouden, praktisch alleen aan diegenen die hoogadellijke voorouders hebben.

Die bijzonderheid doet zich in ons voorgeslacht voor zover bekend niet voor, hoewel het theoretisch best mogelijk zou zijn. Dit ondanks het feit dat er onder onze voorouders maar heel weinigen zijn die een voet buiten Friesland hebben gezet.

Het bovenstaande wil niet meer zijn dan wat bespiegelingen over de hebbelijkheden van een kwartierstaat.

3. Het Nummersysteem.

Het aanbrengen van een overzichtelijke rangschikking van het grote aantal voorouders is geen overbodige luxe. Wie is wie, en waar, in welke generatie, hoort zij of hij thuis in de kwartierstaat? Van wie is het een ouder, en wie zijn haar of zijn ouders?

Voor het antwoord op die vragen gebruiken we een nummersysteem. De strikt mathematische opbouw van een kwartierstaat, de macht van twee, maakt het mogelijk de verschillende personen van een logisch en gemakkelijk vast te stellen nummer te voorzien. Het systeem is beschreven door de Duitse genealoog Stephan Kekulé von Stradonitz en wordt vrij algemeen gebruikt.

De kwartierdrager, of de *probandus*, krijgt het nummer 1. Dit is dus de persoon van wie de voorouders getoond worden. Voor deze persoon kunnen dus ook al haar/zijn broers en zusters worden ingevuld. Die hebben namelijk allemaal precies dezelfde kwartierstaat. In ons geval zijn er dus elf kwartierdragers, die we nummeren 1a t/m 1k.

De vader van de probandus krijgt vervolgens het nummer 2 en de moeder het nummer 3. Dan de vader van de vader, die het nummer 4 krijgt, en diens vrouw, de moeder dus van de vader, het nummer 5. De vader van de moeder van de probandus krijgt het nummer 6 en diens vrouw, dus de grootmoeder van moederszijde, het nummer 7. Op dezelfde manier gaan we per generatie steeds verder.

Door deze wijze van nummering krijgen we de volgende regels:
- mannelijke personen hebben altijd een even nummer en vrouwelijke een oneven nummer (behalve bij de kwartierdragers, die ook als ze man zijn altijd het oneven nummer 1 krijgen);
- het nummer van de vader van een persoon is steeds het dubbele van dat van die persoon, en het nummer van zijn/haar moeder het dubbele plus 1;
- het eerste nummer in een generatie is steeds een macht van 2 (bijvoorbeeld 2^9 = 512, is het eerste nummer van de negende generatie).

Van ieder willekeurig nummer kunnen we dus moeiteloos vaststellen welke plaats de persoon met dat nummer in de kwartierstaat inneemt. Voorbeeld: nummer 37 is de vrouw van 36, zij zijn de beide ouders van 18, die op zijn beurt de vader is van

11

nummer 9. Dit is dus weer een vrouw en wel de vrouw van 8 en de moeder van 4. Deze laatste is de vader van 2, mijn vader, en dus mijn grootvader van vaders kant. Willen we van een bepaald nummer bepalen tot welke generatie hij of zij behoort, dan nemen we de naast lagere macht van 2. Voorbeeld: bij het nummer 433 is de naast lagere macht van 2 het getal 256 ($= 2^8$). Dit nummer hoort dus in de achtste generatie terug (met mijn ouders als de eerste generatie terug).

In de alfabetische index van voorouders achter in dit boekje worden ook de persoonsnummers gebruikt in plaats van een verwijzing naar het paginanummer waar zij voorkomen.

4. De Kwartierdragers.

Zoals in de subtitel aangegeven zijn de kwartierdragers van de in dit boek gepubliceerde kwartierstaat de elf kinderen van Hendrik Koopmans en Minke Jager uit IJlst. Ze zijn bij het samenstellen van dit geschrift allen nog in leven, en ook hebben ze allemaal kinderen. Hun (voormalige) broodwinnende bezigheden en/of die van hun echtgenoten zijn een goede afspiegeling van de maatschappelijke veranderingen in de afgelopen eeuw: geen boer, schipper of ambachtsman in Friesland meer, maar dienstverlening en een scheut globalisering. Hieronder volgen enige gegevens.

1a. Froukje Koopmans.
Geboren 8 juni 1923 te IJlst aan boord van de "Zorg en Vlijt".
Getrouwd 16 december 1943 te Drachten.

Haar echtgenoot was Lieuwe Holwerda, geboren 27 april 1920 te Paesens-Moddergat en overleden te Drachten op 9 oktober 2002. Hij had een groothandel in aardappelen te Drachten.

1b. Ruurd Koopmans.
Geboren 24 augustus 1924 te Sneek a/b van de "Zorg en Vlijt".
Getrouwd 7 maart 1951 te Jakarta, Indonesia.

Hij is getrouwd met Anna Schuitemaker, geboren 29 april 1927 te Haarlem. In november 1945 vertrok hij als militair (oorlogsvrijwilliger) via Engeland en Malakka naar Nederlands-Indië. Werd aldaar gedemobiliseerd op 28 mei 1948 en trad in dienst bij de N.V. Koninklijke Paketvaart-Maatschappij. Als gevolg van de politieke verwikkelingen tussen Nederland en Indonesië rond de Nieuw Guinea affaire was hij genoodzaakt dat land te verlaten in maart 1958. Hij werkte vervolgens nog enige tijd in Singapore en van 1959 tot 1971 in Nederland. Van 1971 tot 1978 was hij, in het kader van de ontwikkelingssamenwerking, financieel-economisch adviseur van de Indonesische regering voor de interinsulaire scheepvaart. Daarna was hij nog twaalf jaar werkzaam als financieel-economisch consultant in donorgefinancierde projecten in een aantal Afrikaanse en Aziatische ontwikkelingslanden. Na zijn pensionering vestigde hij zich in Nederland.

1c. Elizabeth Koopmans.
Geboren 18 februari 1926 te IJlst a/b van de "Zorg en Vlijt".
Getrouwd 24 juli 1951 te IJlst.

Haar echtgenoot is Albert Jorrit Wiersma, geboren 18 augustus 1925 te Sneek. Hij was firmant van drukkerij A.J. Wiersma en Zn. te Sneek.

1d. Doetje Koopmans.
Geboren 8 oktober 1927 te IJlst a/b van de " Zorg en Vlijt".
Getrouwd 29 januari 1948 te Drachten.

Haar echtgenoot is Wiebe Smids, geboren 24 juni 1926 te Surhuizum. Ze emigreerden in 1948 naar Canada, waar hij in diverse functies werkzaam was, onder andere als eigenaar/exploitant van een supermarkt in Sarnia, Ont.

1e. Tjitsche Koopmans.
Geboren 11 augustus 1929 te IJlst a/b van de "Zorg en Vlijt".
Getrouwd 14 mei 1955 te Bowmanville, Canada.

Zij was getrouwd met Lucas Pieter van Dijk, geboren 2 oktober 1927 te IJlst en overleden op 27 september 2003 in Whitby, Ont. Canada. Hij is werkzaam geweest in het autoassemblagebedrijf van General Motors in Oshawa. Tjitsche emigreerde vóór haar huwelijk naar Canada. Haar echtgenoot was al eerder geëmigreerd.

1f. Jeen Koopmans.
Geboren 11 september 1931 te IJlst a/b van de "Zorg en Vlijt".
Getrouwd 20 december 1963 te Sneek.

Zijn echtgenote is Petronella Hendrikje Punter, geboren 22 mei 1931 te Smilde. Jeen was in zijn laatste functie concerncontroller bij AKZO. Na zijn pensionering behaalde hij de graad van meester in de rechten aan de Open Universiteit.

1g. Anne Koopmans.
Geboren 15 april 1933 te IJlst aan boord van de "Zorg en Vlijt".
Getrouwd 23 september 1960 te Appingedam.

Zijn echtgenote is Aafina Berendina van Dijken, geboren 6 augustus 1938 te Appingedam. Anne was assistent-accountant, financieel directeur van een groothandel, en laatstelijk hoofd verbruikersadministratie bij het gemeentelijk energiebedrijf in Groningen.

1h. Rimmer Koopmans.
Geboren 29 december 1934 te IJlst a/b van de "Zorg en Vlijt".
Getrouwd 9 maart 1962 te Rheden.

Hij was de laatste van de kinderen die op de "Zorg en Vlijt"werden geboren. Hij trouwde met Willy Jacoba Hagenbeek, geboren 8 september 1940 te Nunspeet. Rimmer was gemeenteambtenaar bij achtereenvolgens de gemeenten IJlst, Ermelo, Renkum en Norg. Bij deze laatste gemeente was hij tien jaar chef van de afdeling financiën en onderwijs, en van 1975 tot 1992 gemeentesecretaris. Bij zijn afscheid als zodanig kreeg hij een koninklijke onderscheiding.

1i. Hendrik Koopmans.
Geboren 20 mei 1936 te IJlst.
Getrouwd 19 mei 1962 te Bowmanville, Canada.

Hij was de eerste van de 11 kinderen die aan de wal werd geboren. In 1957 emigreerde hij naar Canada en trouwde aldaar met Froukje Douma, geboren 10 juli 1940 in IJlst. Zijn beroep was stoffeerder.

1j. Geert Koopmans.
Geboren 23 december 1938 te IJlst.
Getrouwd 4 maart 1966 te Zeist.

Zijn echtgenote is Elisabeth Aalten, geboren 24 juli 1944 te Zeist. Geert is als ambtenaar werkzaam geweest op de gemeentesecretarie van achtereenvolgens de gemeenten Sneek, Zaandijk, Leerdam, Rijnsburg, Weesperkarspel, Diemen en Harderwijk. In deze laatste gemeente was hij juridisch-planologisch beleidsmedewerker in de rang van referendaris. Op 1 oktober 1995 ging hij met pensioen.

1k. Eelkje Koopmans.
Geboren 29 december 1940 te IJlst
Getrouwd 18 juli 1969 te Ermelo.

Zij trouwde met Goverdinus de Kleer, geboren 14 februari 1945 te Ermelo. Hij was werkzaam als gezins- en relatietherapeut in een centrum voor deeltijdbehandeling te Velp. Eelkje deed na haar vijftigste nog een doctoraalstudie Wijsgerige Pedagogiek te Nijmegen, en was o.a. coördinator van VluchtelingenWerk in een AZC in Oosterbeek.

15

De elf kwartierdragers april 2001.
Staande v.l.n.r. Jeen, Doetje, Eelkje, Elizabeth, Froukje, Tjitsche.
Zittend v.l.n.r. Rimmer, Geert, Ruurd, Anne, Hendrik.

5. De Ouders

(nummers 2 en 3).

Geboren in 1892 resp. 1895 en overleden 1988 en 1990 beslaat hun levensperiode globaal gesproken de gehele twintigste eeuw. Zij maakten dus twee wereldoorlogen mee. Typerend voor de wijze waarop de gewone man deze gebeurtenissen beleefde zijn de termen waarmee er gewoonlijk aan werd gerefereerd, namelijk respectievelijk "de mobilisatie" en "de bezetting".

2. Hendrik Ruurds Koopmans.

Geboren 25 oktober 1892 te IJlst
Getrouwd 22 juni 1922 te IJlst
Overleden 27 september 1988 te IJlst

In zijn geboortejaar woonden zijn ouders "aan boord". De naam van het schip kon nog niet worden getraceerd. De veronderstelling lijkt dus gewettigd dat Hendrik aan boord is geboren. Hij bleef ook een groot deel van zijn leven (tot 1936) op het water wonen en werken. Vanaf 1911 aan boord van het "ijzeren roefschip genaamd Zorg en Vlijt", het "skûtsje" dat zijn vader in dat jaar liet bouwen. Omstreeks 1915 gingen zijn ouders aan de wal wonen en bleef Hendrik met een knecht op het schip varen, en vanaf 1922 met zijn vrouw en het geleidelijk uitdijende gezin. In 1925 nam hij de eigendom van het schip over van zijn vader, inclusief de toen nog resterende hypotheekschuld van f. 100,- Gedwongen door de economische omstandigheden werd het schip in 1939 voor de somma van f. 325,- verkocht. Het gezin van Hendrik woonde sinds 1936 al aan de wal.

Het wel en wee van de "Zorg en Vlijt" is uitvoeriger beschreven in het boekje "KOOPMANS, een Friese Familie door de Eeuwen heen". Na de verkoop, die het einde betekende van zijn werkzame leven als zelfstandig ondernemer, werkte Hendrik nog bijna 25 jaar als transportarbeider bij de firma J. Nooitgedagt & Zonen in IJlst, dus tot ver na zijn 65[e]. Op 3 december 1965 werd hij gehuldigd wegens zijn 25-jarige dienstbetrekking bij Nooitgedagt, en kreeg daarbij een nieuwe fiets cadeau, plus een herinneringsmedaille en een oorkonde. Hij was vervolgens nog enige tijd toezichthouder op een door de gemeente IJlst beheerde camping. Ook was hij enkele jaren diaken in de Gereformeerde kerk te IJlst.

Vanaf 1936 woonde het gezin op de Eegracht no. 56 (officieel was het nummer 55). In 1948 verhuisden zij naar de Eegracht no. 16, en op 19 augustus 1966 betrokken zij het nieuwe huis aan de Buséstraat no. 32. Alle kinderen waren toen al de deur uit. Daar kregen zij op 24 april 1972 een telefoonaansluiting. Zij hebben er tot het einde van hun leven gewoond.

Hendrik was een bescheiden, ietwat introverte persoon, meer een man van werken dan van woorden. Een klein mannetje, maar taai en sterk. Zorgzaam en zorgvuldig. De naam van zijn "skûtsje" waardig. Typerend voor hem was dat hij van 1959 tot 1985 een dagboek bijhield waarin hij minutieus alles noteerde wat hij meemaakte, tot zelfs het dagelijkse weer en de windrichting (hij was schipper geweest!) en de tekst van de zondagse preek. Maar alles puur feitelijk en, behalve een enkele keer bij een sterfgeval, zonder enige uiting van emotie of van een uitgesproken mening. Ook heeft hij een handgeschreven document nagelaten, in de vorm van een aantal dichtbeschreven schrijfblokvelletjes, over de veranderingen in IJlst in de periode 1900 tot 1973, het grootste deel van zijn leven.

Hendrik en Minke hebben drie keer, namelijk in 1959 (per ms. Grote Beer), in 1965 (per ms. Rijndam) en in 1970 (per vliegtuig), een trip naar Canada gemaakt, naar hun drie naar dat land geëmigreerde kinderen.

Hendrik Koopmans omstreeks 1912

18

3. Minke Jeens Jager.

Geboren 14 februari 1895 te Osingahuizen
Overleden 4 april 1990 te Sneek.

Tijdens haar kinderjaren woonde zij in het meest oostelijke van drie apart staande huisjes aan de weg van Heeg via Osingahuizen naar Hommerts. Haar vader had dit huisje een jaar na haar geboorte laten bouwen. In de muur werd een gedenksteen gemetseld met de inscriptie "De eerste steen gelegd door Minke Jeens Jager", met een datum ergens in 1896. Helaas is deze steen bij een nog niet zo lang geleden uitgevoerde renovatie verloren gegaan. Minke bezocht de christelijke lagere school aan de Lemmerweg te Hommerts, hoewel het gezin kerkelijk tot de gereformeerde kerk van Heeg behoorde. Maar de school in Hommerts lag dichterbij.

.

Minke Jager omstreeks 1912

Op 12 mei 1911, dus op 16-jarige leeftijd, begon Minke haar bestaan als dienstbode, en wel bij de familie Jelle Visser te Osingahuizen. Haar dienstbodebestaan duurde voort tot haar huwelijk in 1922. Lange tijd werkte zij op de boerderij "Het Koevorderhuis", gelegen aan de vaart even benoorden het Koevordermeer.

Minke was 5 jaar met Hendrik verloofd alvorens zij, op 27-jarige leeftijd, op 15 juni 1922, schippersvrouw werd. En daarmee het harde schippersbestaan van haar man ging delen. Maar liefst elf kinderen kregen ze, waarvan de eerste acht werden geboren aan boord van de "Zorg en Vlijt" en de laatste drie aan de wal in het huis aan de Eegracht no. 56 (althans dat nummer stond op de deurpost; officieel was het numer 55 en de erachter liggende woning no. 55).

Anders dan Hendrik was Minke een meer extroverte persoonlijkheid. Een sterke vrouw, die wist wat ze wilde. Die duidelijk haar stempel op het gezin drukte en de grote stimulans was voor haar kinderen om na de lagere school, en binnen de zeer beperkte financiële mogelijkheden, "er nog wat bij te leren". Ze was altijd zeer geïnteresseerd in wat er op maatschappelijk, kerkelijk en politiek terrein gebeurde, en betreurde het heel erg dat zij, door de achteruitgang van haar gezichtsvermogen, in haar laatste levensjaren niet meer de krant kon lezen.

6. De Grootouders
(nummers 4 – 7)

Zij werden geboren in de periode 1864 tot 1872. De laatste overleed in 1952. Hun levensperiode beslaat dus ruwweg de tweede helft van de negentiende en de eerste helft van de twintigste eeuw. Een periode waarin de economie in Friesland bepaald niet floreerde, als gevolg van de internationale landbouwcrisis en het ontbreken van vervangende werkgelegenheid. Een niet gering deel van de Friese bevolking verliet de provincie. Tussen 1880 en 1890 alleen al 10% van de totale bevolking. Velen emigreerden naar Amerika, maar een groot aantal zocht en vond werk in Holland. Onze grootouders bleven in Friesland.

4. Ruurd Hendriks Koopmans.
Geboren 20 juni 1864 te Woudsend.
Getrouwd 11 mei 1890 te IJlst.
Overleden 27 februari 1941 te IJlst.

Hij begon zijn werkzame leven als boerenknecht, en werkte achtereenvolgens in Ypecolsga, Heeg en Indijk. In deze laatste plaats werkte hij bij zijn oom Klaas Aedes Koopmans. Hij wordt ingeloot voor de militaire dienst, maar wegens het gemis van een deel van zijn rechter wijsvinger wordt hij afgekeurd. Op 12 mei 1884 verhuist hij van Indijk naar Heeg, en wordt dan ingeschreven op het adres van zijn ouders. Aanvankelijk staat hij te boek als boerenknecht, maar dat wordt enige tijd later, wanneer precies is niet duidelijk, veranderd in schipper.

Op 16 februari 1889 verhuist hij naar IJlst en ook daar wordt als beroep vermeld schipper. Ruim een jaar later trouwt hij in IJlst met een schippersdochter, Elizabeth Sijmens Buma. Hij blijft schipper. Het schip waarop hij met zijn gezin voer (de naam van dat schip kon nog niet worden achterhaald) wordt in 1911 verruild voor een nieuw schip, dat hij in dat jaar bij de Friese Scheepsbouw Maatschappij (voorheen J.J. Croles) te IJlst liet bouwen. Op dit schip *"het ijzeren roefschip genaamd Zorg en Vlijt, groot 30,655 scheepstonnen"* bleef hij tot omstreeks 1915 wonen. Toen gaf hij de vaart met het schip over aan zijn zoon Hendrik en verhuisde naar de wal. Hij werd veehouder in IJlst, en kocht daartoe op 19 oktober 1915 *"de nette burgerhuizinge met voor- en achtererf en tuin ten oosten van de Stads-Ee, tegenover de Hervormde Kerk te IJlst"* voor de somma van fl. 2953,- Bij de volkstelling van 1889/1890 antwoordt Ruurd op de vraag naar zijn godsdienst: "Behoort tot geen kerkgenootschap, maar is van Gereformeerde Gezindheid". Dit betekent dat hij toen in IJlst meeging met de Doleantie, waaruit de Gereformeerde Kerk te IJlst ontstond, die bij de volkstelling echter nog niet geïnstitutionaliseerd was. Op 16 maart 1925 hield Ruurd "boelgoed" in IJlst en op 12 mei 1925 verhuisde hij naar Donkerbroek, waar hij eveneens een gemengd boerenbedrijfje had, achtereenvolgens op twee verschillende locaties. Omstreeks 1938 stopte hij met werken en ging hij aanvankelijk met Elizabeth wonen in Haulerwijk, vanwaar zij op 4 mei 1940 verhuisden naar hun oude thuisbasis IJlst. Ruurd overleed daar binnen een jaar.

5. Elizabeth Sijmens Buma.
Geboren 11 Juli 1867 in Tirns.
Overleden 5 oktober 1943 in Haulerwijk.

Zoals niet ongebruikelijk bij schipperskinderen is haar geboorteplaats een andere dan de plaats waar de ouders hun domicilie hadden, namelijk in IJlst. Elizabeth werd op 9 oktober 1943 in IJlst begraven.

Ruurd Koopmans en Elizabeth Buma

6. Jeen Sipkes Jager.
Geboren op 31 december 1870 in Drachten.
Getrouwd 12 mei 1894 te Heeg.
Overleden in Haulerwijk op 23 september 1952.

Jeen Sipkes Jager was vrijgesteld van dienstneming in de Nationale Militie, maar hij nam de dienst waar voor Wiebe Durks Klasema, die hem daarvoor   fl. 230,- betaalde, en wel fl. 30,- bij het tekenen van het contract, fl. 10,- bij het klein verlof en het restant van fl. 190,- bij afzwaaien met groot verlof (zie notariële akte dd. 24 april 1890). Hij was toen timmerknecht in Drachtster Compagnie. In zijn jeugd was Jeen fervent socialist, maar werd gereformeerd toen hij met Froukje van Netten trouwde. Vóór zijn huwelijk was hij een tijdje kostganger bij zijn (latere) schoonouders. In 1896 kocht hij van zijn schoonvader 190 vierkante meter grond (later kocht hij er nog een klein stukje bij) en liet daarop een huisje bouwen, naar zeggen door zijn broer, die timmerman was. Op 22 mei 1896 leende Jeen daarvoor f. 200,-, tegen 5% rente, van Tjitje Wiegers Visser, weduwe van Bauke Visser, met als onderpand het pas gestichte huis. Het werd het meest oostelijke (dus richting Hommerts) van de "trije húskes", drie arbeiderswoninkjes aan de weg tussen Osingahuizen en Hommerts. In het middelste woonde zijn schoonvader, het meest westelijke werd in 1909 gebouwd door/voor zwager Eelke Annes van Netten

Jeen Sipkes Jager omstreeks 1940

23

Jeen werkte als botermaker bij de particuliere zuivelfabriek van Lankhorst in Osinagahuizen. Het verhaal gaat dat hij daar werd ontslagen omdat hij actief lid werd van een christelijke vakbond. Hij verhuisde in 1920 met gezin (exclusief Minke en Eelkje) naar Drachten, waar hij van een familielid (namelijk Harmen Kanninga, die getrouwd was met een dochter van zijn broer Sjouke) een boerderijtje huurde, en werd boer. Het boerderijtje stond aan de Pastoriewijk (later Skoallewyk genoemd), en daarmee keerde hij terug naar een plek waar een vroege voorvader en naamgenoot, Jeen Hinnes (no. 3104) een prominente rol had gespeeld bij het ontwikkelen van het gebied. Hij woonde hier tot ongeveer 1940, daarna nog enkele jaren in Drachtster Compagnie, waar hij ook is begraven. Hij overleed ten huize van dochter Sipkje in Haulerwijk.

7. Froukje Annes van Netten.
Geboren op 30 juli 1872 in Heeg.
Overleden op 26 maart 1945 in Drachtster Compagnie.

Froukje Annes van Netten omstreeks 1900

Zij werd op 29 maart 1945 in Drachtster Compagnie begraven. Volgens haar eigen zeggen had, naar de gebruikelijke traditie, haar voornaam eigenlijk Anna moeten zijn. Voor de reden daarvan zie de aantekening bij haar grootmoeder (no. 29).

Froukje Annes van Netten omstreeks 1940

Het boerderijtje aan de Pastoriewijk in Drachten

7. De Overgrootouders.
(Nos. 8 – 15)

De overgrootouders werden geboren in de periode 1835 tot 1844. De laatste overleed in 1931. Hun levensperiode beslaat dus globaal tweederde van de negentiende en eenderde van de twintigste eeuw. Zij beleefden de opkomst van de stoommachine, waarvan er in 1853 in Friesland al elf in gebruik waren, met een totaal vermogen van 141 pk. Ook het gebruik van windmolens in de industrie nam een grote vlucht (graanmaalderij, houtzagerij, katoenspinnerij). Deze energiebronnen verminderden de economische noodzaak voor kinderarbeid, die in het begin van de negentiende eeuw in Friesland nog veelvuldig voorkwam.

8. Hendrik Aedes Koopmans.
Geboren op 9 december 1837 in Engwier, gem. Wonseradeel.
Getrouwd 10 mei 1861 te Heeg.
Overleden in Heeg op 13 maart 1921.

Engwier, in de middeleeuwen Abbingheweer geheten, is een gehucht in de gemeente Wonseradeel halverwege tussen Makkum en Wons. Het bestaat nu nog uit vier boerderijen (hoewel een nieuwbouwwijk van Makkum intussen Engwier is genaderd). Vroeger stond er ook een kerkje. In 1868 stortte de toren in en een deel van de westelijke muur. In 1882 werd er een nieuwe kerk gebouwd. In heel Engwier woonde toen slechts één hervormde huishouding, waarvan het gezinshoofd vanzelfsprekend kerkvoogd was. Hij benoemde twee mannen van Wons tot medekerkvoogd, en de drie besloten tot nieuwbouw. Het nieuwe kerkje hield het slechts 20 jaar uit. Na tweemaal door de bliksem te zijn getroffen werd het in 1902 afgebroken. De kleine met bomen omzoomde terp met kerkhof is er nog steeds. Hendrik zal vernoemd zijn naar zijn overgrootvader Hindrik Harmens (no. 68). Aanvankelijk werkt hij als boerenknecht in Woudsend. Op 12 mei 1863 begint hij een boerenbedrijfje in Gaastmeer, maar lang houdt hij dit niet vol, want op 16 april 1868 wordt zijn beslag vee, de bedrijfsinventaris en de inboedel bij "boelgoed" verkocht. In zijn verdere leven is hij boerenarbeider in Gaastmeer, Oudega en Heeg.

9. Tjitske Ruurds Fortuin.
Geboren op 1 augustus 1838 in Heeg,
Overleden in Donkerbroek op 26 december 1926.

Tjitske was afkomstig uit een bekend schippersgeslacht uit Heeg. Na het overlijden van haar echtgenoot woonde zij in bij zoon Ruurd in IJlst en Donkerbroek.

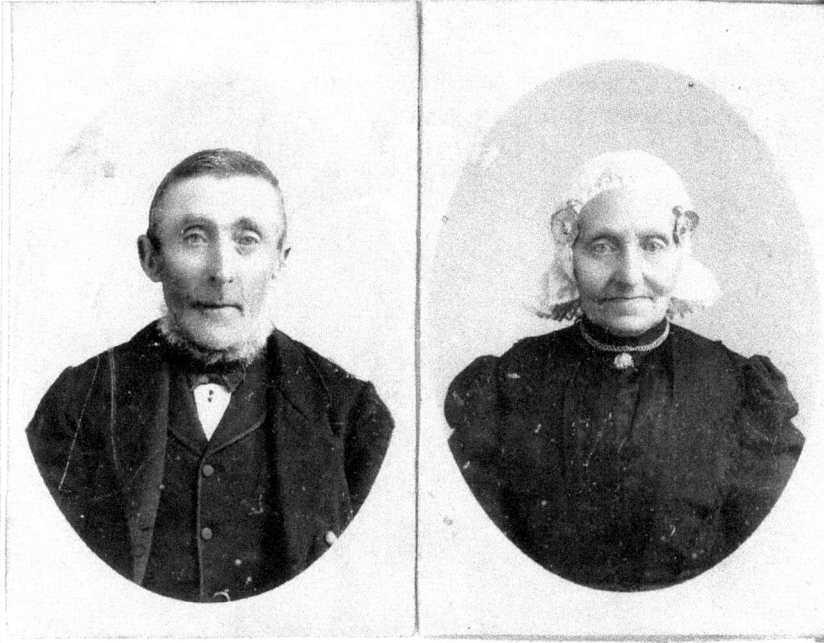

Hendrik Aedes Koopmans en Tjitske Ruurds Fortuin

10. Sijmen Pieters Buma.

Geboren op 2 november 1839 in IJlst.
Getrouwd 16 april 1865 in IJlst.
Overleden in IJlst op 24 maart 1931.

Blijkens een notariële akte dd. 17 maart 1870 huurt hij van Albert Sjoerds de Jong, scheepsbouwmeester te IJlst, voor de tijd van twaalf jaar een overdekt schuitje genaamd "De drie Gezusters". De totale huursom voor de gehele huurperiode bedraagt fl. 1288,-, te voldoen in jaarlijkse termijnen van uiteenlopende grootte. Bij de volkstelling 1889/90 komt hij voor in IJlst als schipper. Op de vraag naar zijn kerkgenootschap geeft hij dan op "Behoort tot geen kerkgenootschap maar is van Gereformeerde Gezindheid". Dit betekent dat hij toen meeging met de Doleantie in IJlst. Hij had zich dus afgescheiden van de Nederlands Hervormde Kerk, doch de afgescheiden Gereformeerde Kerk te IJlst was toen nog niet geïnstitutionaliseerd.

11. Geertje Jacobs de Jong.

Geboren op 27 oktober 1844 in IJlst.
Overleden in IJlst op 24 februari 1924.

Zij kwam uit een geslacht van schippers. Haar broer Jacob trouwde op dezelfde dag als zij met een zuster van haar echtgenoot.

Sijmen Pieters Buma en Geertje Jacobs de Jong

12. Sipke Tjeerds Jager.

Geboren op 12 februari 1835 in Noorderdragten.
Getrouwd 24 januari 1860 in de gemeente Idaarderadeel
Overleden in Drachtsterkompagnie op 8 april 1906.

Hij was van beroep timmerman en later boer in Drachten

13. Doetje Sjoukes van Essen.

Geboren op 25 december 1830 in Aegum, gemeente Idaarderadeel.
Overleden in Drachtsterkompagnie op 13 juni 1879.

Het echtpaar Sipke Tjeerds en Doetje Sjoukes heeft een gemeenschappelijk voorouderpaar, namelijk Saecke Wierds en Griet Douwes te Eernewoude (nos. 3320 en 3321, resp. 3536 en 3537). Zij zijn familie van elkaar in de 16^e graad.

14. Anne Jacobs van Netten.

Geboren op 3 april 1837 in Heeg.
Getrouwd 13 mei 1865 in de gemeente Wijmbritseradeel.
Overleden in Osingahuizen op 11 december 1921.

Zijn beroep was arbeider. Hij woonde in het middelste van de drie huisjes in Osingahuizen aan de weg naar Hommerts. Hij had een tijdje als kostganger in huis Jeen Jager, die later met dochter Froukje trouwde.

Anne Jacobs van Netten

29

15. Minke Rimmelts Visser.

Geboren op 20 november 1841 in Langweer.
Overleden in Osingahuizen op 7 januari 1919.

Overleden "na een genoeglijke echtvereniging van bijna 54 jaar" vermeldt Anne
van Netten in het overlijdensbericht. Uitzonderlijk lang voor die tijd.
Zij is waarschijnlijk geboren op het Koeverderhuis, dezelfde boerderij waar
haar, naar haar vernoemde, kleindochter Minke Jager (no. 3) later als boerenmeid
werkte.

Minke Rimmelts Visser

8. De Betovergrootouders.
(nummers 16 – 31)

Zij werden geboren in de periode 1796 tot 1820. De laatste overleed in 1892. In grote trekken leefden zij dus gedurende de gehele negentiende eeuw. Zij waren getuige van de grote watersnoodramp die het zuiden en westen van Friesland in het voorjaar van 1825 teisterde. De dijken van de Zuiderzee bij Lemmer braken door, en tweederde van Friesland kwam onder water te staan. Het zoute water veroorzaakte grote schade aan de landbouw en de visserij. Doordat het gras afstierf leverden vele polders dat jaar geen hooi. Ook de zoetwatervis overleefde niet de invasie van zout water. Twee maanden na het begin van de overstroming was het water nog zo zout dat er in Oppenhuizen haring werd gevangen.

16. Aede Pieters Koopmans.
Geboren op 11 januari 1803 in Winsum, gem. Baarderadeel.
Getrouwd 26 september 1830 te Hindeloopen.
Overleden te Idsega op 27 april 1853.

Hij vertrok op 26-8-1835 van Hindeloopen naar Engwier, waar hij vermoedelijk werkte als boerenarbeider. In 1843 koopt hij van Roelof Fokeles Huisman, broer van de eerste echtgenoot van zijn vrouw, voor fl. 8000,- een halve zathe en landen te Indijk en Ypecolsga en gaat daar vervolgens boeren. Ergens tussen 1848 en 1850 verhuist het gezin naar een boerderij onder Idzega bij Heeg. Ongeveer een jaar na zijn overlijden werd dit boerenbedrijf geliquideerd en alles verkocht, waaronder 57 runderen en verder kleinvee en een paard. Aede Pieters had dus een voor die tijd vrij omvangrijk boerenbedrijf, dat blijkbaar door de weduwe en de kinderen niet voortgezet kon worden.

17. Jetske Pieters Hendriksma.
Geboren op 26 april 1805 in Hindeloopen..
Overleden in Wijmbritseradeel op 15 november 1876.

Zij was eerder (in 1828) getrouwd geweest met Hille Fokeles Huisman, die echter binnen enkele maanden na het huwelijk overleed. De na zijn overlijden geboren zoon werd naar zijn vader Hille genoemd. Na het overlijden van Aede trouwde Jetske in 1855 nog met de weduwnaar Bouwe Tysses de Jong uit Elahuizen. Zij overleefde ook haar derde echtgenoot.

31

18. Ruurd Anskes Fortuin.
Geboren op 26 oktober 1796 in Jutrijp.
Getrouwd 24 mei 1830 in Wijmbritseradeel (vierde huwelijk).
Overleden in Wijmbritseradeel op 17 januari 1857.

Ruurd Anskes Fortuin was eerst boerenknecht. Op 16 juni 1818, koopt hij voor f. 500,- een schip van Fokke Johannes Rinshoven te Heeg en wordt hij schipper. Op 8 juli 1846 verkoopt hij voor f. 400,- zijn huis in Hommerts.

19. Durkjen Alberts Kamstra.
Geboren op 30 mei 1806 in Drachten.
Overleden in Wijmbritseradeel op 5 september 1889.

Zij was de vierde echtgenote van Ruurd Anskes Fortuin. De vorige was een zuster van Durkjen, namelijk Aaltje Alberts Kamstra. De drie eerdere echtgenotes stierven alle binnen enkele jaren na hun huwelijk.

20. Pieter Sytses Buma.
Geboren op 27 april 1805 te Jutrijp.
Getrouwd 12 juni 1836 te IJlst.
Overleden te Heeg op 20 april 1892,

Hij was schipper en winkelier te IJlst. Er is in de notariële archieven een huurcontract gedateerd 20-2-1850 tussen Willem H. Ringnalda, burgemeester en houtkoper te IJlst en Otte L. Lantinga scheepstimmerman aldaar ter ene zijde, en Pieter Sijtzes Buma, schipper te IJlst ter andere zijde betreffende de huur van een *"overdekt gewegerd schuitje"* genaamd "de Goede Verwachting". Huur per jaar f. 92,- buiten de lasten. Het huurcontract was voor vijf jaar.

21. Jeltje Reintjes (Rintjes) Brugts.
Geboren op 11 oktober 1805 in Kampen.
Overleden in IJlst op 5 oktober 1868.

De geboorteplaats Kampen wordt verklaard uit het feit dat haar vader schipper was en het gezin blijkbaar aan boord woonde.

22. Jacob Jacobs de Jong.
Geboren op 15 april 1820 in IJlst.
Getrouwd 25 april 1841 te IJlst.
Overleden in IJlst op 19 oktober 1872.

Hij was schipper van beroep, evenals zijn vader. Bij testament dd. 14 oktober 1872 (dus 5 dagen voor zijn overlijden) vermaakt hij aan zijn zoon Rimmert het schuitje genaamd "De twee Joukjes", groot 19 ton. De waarde daarvan is fl. 800,-, waarvan na overlijden van Jacob fl. 600,- aan de boedel moet worden betaald, en de resterende fl. 200,- in acht jaarlijkse termijnen aan de jongste zoon Douwe. Douwe is het jongste kind uit zijn tweede huwelijk, met Joukje Hendriks Hartkamp. Uit dit tweede huwelijk had hij ook een dochter Joukje. De naam van het schuitje slaat kennelijk op zijn vrouw en zijn dochter.

23. Lysbet Taekes Schuurmans.
Geboren op 19 december 1819 te IJlst.
Overleden te IJlst op 1 mei 1864.

Zij was naaister van beroep. In de overlijdensakte wordt zij Elisabeth genoemd. Zij kwam uit een bekende doopsgezinde IJlster familie van timmerlieden, die oorspronkelijk uit Baarderadeel afkomstig was. Haar neef Thomas Ottes Schuurmans bouwde in 1859 het stadhuis in IJlst aan de (huidige) Galamagracht. De eerste steen werd op 15 April 1859 gelegd door burgemeester Willem Ringnalda. De totale bouwkosten, inclusief inrichten en verven, bedroegen f. 11.490,96.

24. Tjeerd Jeens Jager (*).
Geboren op 24 januari 1811 in Noorderdrachten.
Getrouwd 10 mei 1834 in Drachten.
Overleden in Drachtsterkompagnie op 19 augustus 1897.

Hij was doopsgezind. Zijn beroep was timmerman.

25. Geertje Sipkes Wellinga.
Geboren op 23 april 1809 in Zuiderdrachten.
Overleden in Drachtsterkompagnie op 21 januari 1899.

26. Sjouke Tijmens van Essen.
Geboren op 2 september 1797 in Aegum.
Getrouwd 10 oktober 1822 in de gemeente Idaarderadeel.
Overleden in Aegum op 4 december 1864.

Een juistere naam voor het dorp waar hij zijn hele leven gewoond heeft is Eagum, de Friese naam. De Nederlandse naam Aegum berust op een spelfout. Het is een

33

van de kleinste dorpen in Friesland (10 woningen). Het in 1777 vernieuwde middeleeuwse kerkje werd in 1838 verkocht en afgebroken. Alleen de toren, die uit omstreeks 1300 dateert, en het kerkhof zijn nog over. Volgens de volksoverlevering bevindt zich vlak bij deze toren het middelpunt van de wereld. Sjouke Tijmens was van beroep landbouwer. In 1811 verklaart Geert Sjoukes van Essen te Friens "als curator over drie broeders' kinderen", nl. Sjouke 14, Tjitske 12 en Renske 19, dat zij de familienaam Van Essen aannemen Hij was dus hun oom.

27. Stijntje Gabes Venema.
Geboren op 12 juli 1800 in Tietjerk.
Overleden in Friens op 16 juni 1891.

28. Jacob Piers van Netten.
Geboren op 28 april 1811 in Gaastmeer.
Getrouwd 30 januari 1833 in Wijmbritseradeel.
Overleden te Heeg op 23 juni 1840.

Hij was arbeider van beroep.

29. Anna (of Froukjen) Annes Mulder (of Marinus).
Geboren op 13 december 1811 in Langezwaag.
Overleden in Heeg op 9 januari 1886.

Over haar juiste naam bestaat enige verwarring. In de diverse officiële documenten wordt zij afwisselend Anna Annes Mulder, Froukjen Annes Marinus, en eenmaal zelfs Froukjen Annes Mulder genoemd. Het is wel duidelijk dat het in alle gevallen om dezelfde persoon gaat. Wat de achternaam betreft is de oorzaak van de verwarring duidelijk: haar vader nam in 1811 de familienaam Marines aan, die bij de geboorteaangifte van zijn tweede kind in 1814 al geschreven blijkt te worden als Marinus. Hij veranderde dit later, in ieder geval na 1818, blijkbaar in Mulder. Althans bij zijn overlijden in 1828 heet hij Mulder. Opvallend is dat zijn twee zonen zich wel Marines blijven noemen.

Haar voornaam is moeilijker. Officieel heette zij Anna, zoals vermeld in haar geboorteakte en bij de naamsaanneming door haar vader in 1811, maar in de omgang werd zij blijkbaar Froukje genoemd, kennelijk naar haar grootmoeder van moederszijde, overeenkomstig de heersende traditie bij naamgeving. Opvallend is dat van haar twee kleindochters, die naar haar vernoemd zullen zijn, de ene Anna Froukje heet en de andere Froukje (= no. 7).

30. Rimmelt Piers Visser.
Geboren op 25 maart 1802 te Langweer.
Getrouwd 8 juni 1827 in de gemeente Doniawerstal.
Overleden te Langweer op 29 mei 1878.

Hij werd geboren op het Koeverderhuis. Zijn beroep was arbeider. Bij het overlijden van zijn eerste echtgenote (no. 31) op 4 februari 1845 had hij zes kinderen in de leeftijd van 3 tot 16 jaar. Hij trouwde op 12 november 1846 te Langweer met zijn tweede echtgenote Richtje Tjeerds van der End, bij wie hij nog zeven kinderen kreeg.

31. Eelkjen Lieuwes Bootsma.
Geboren op 6 september 1805 in Oppenhuizen.
Overleden te Hommerts op 4 februari 1845.

9. Vijf Generaties terug.
(nummers 32 – 63)

Door sommige genealogen wordt deze generatie aangeduid met de term oud-ouders, en de verdere generaties als oud-grootouders, oud-overgrootouders en oud-betovergrootouders, vervolgens vier generaties stamouders, vier generaties stamoudouders, vier generaties edelouders, vier generaties edeloudouders, etc. Voor de duidelijkheid prefereren wij de aanduiding met behulp van een rangnummer: de vijfde, zesde etc. generatie terug, waarbij de ouders van de kwartierdragers dus de eerste generatie terug in de tijd vormen.

Deze generatie werd geboren in de periode 1751 tot 1797. De laatste overlijdensdatum was in 1866. Zij leefde dus ruwweg in de tweede helft van de 18^e en de eerste helft van de 19^e eeuw.

Tijdens hun leven vonden er drastische veranderingen plaats in de politieke situatie. Friesland werd, in plaats van een autonoom gewest, een provincie van een grotere eenheidsstaat. De beslissingen kwamen voortaan niet meer voort uit een strijd om de macht binnen de elite of tussen de elite en de stadhouder, maar kwamen van buiten de provincie. Dat veranderingsproces kwam tot stand in een aantal fasen. Eerst de Bataafse Republiek (1795 – 1806), vervolgens het Koninkrijk Holland (1806 – 1810), daarna was Nederland een drietal jaren een deel van het Franse Rijk onder keizer Napoleon (1810 – 1813) en als eindresultaat ontstond het Koninkrijk der Nederlanden. Er kwam een landelijk belastingstelsel, het onderwijs werd in het gehele land gelijk geregeld, en er kwam een uniforme burgerlijke stand (= registratie van geboorten, huwelijken en overlijdens). Alle godsdiensten werden gelijk, en er kwam een eind aan het tweederangs burgerschap van doopsgezinden, roomsen en joden.

Een vermeldenswaardige bijzonderheid is de introductie van vaste familienamen in deze generatie. Vóór 1811 voerde slechts een klein deel van de bevolking van Friesland een familienaam, en dan nog zonder vaste regels. Soms namen kinderen de familienaam van de moeder over, en soms verdween ook een familienaam. Het voeren van een familienaam was een teken van "stand", meestal ontleend aan grondbezit. Voor een gewone arbeider of handwerksman vond men zo'n naam niet gepast. Bij decreet van keizer Napoleon van 18 augustus 1811 werd iedereen verplicht voortaan een vaste familienaam te voeren en die te laten registreren, waarbij de door de vader aangenomen familienaam ook zou gelden voor zijn kinderen en via de mannelijke lijn voor zijn verdere nazaten. Men was geheel vrij

36

in het kiezen van een naam, op één uitzondering na: men mocht niet de naam van een stad als familienaam kiezen. Zij die reeds een familienaam bezaten moesten als zij deze naam wensten te behouden dit ook laten registreren. In de praktijk bleef dit laatste vaak achterwege. Bij vrouwen is er nogal eens verwarring omtrent hun familienaam. Als hun vader in 1811 niet meer in leven was, was het niet de gewoonte dat vrouwen voor zich zelf een familienaam lieten registreren. Die ging toch niet over op hun kinderen. Toch werden in de akten van de burgerlijke stand, die in datzelfde jaar werd ingevoerd, vrouwen wel vaak met een familienaam aangeduid. Soms is die familienaam terug te voeren op een broer of een neef die die naam aannam, maar ook is het niet zelden geheel duister waar zo'n plotseling opduikende familienaam vandaan kwam. Ook komen we soms twee verschillende familienamen voor dezelfde persoon tegen, zoals uit het vervolg zal blijken. Ondanks de invoering van familienamen bleef, met name in Friesland, het gebruik van patroniemen nog lange tijd in zwang, tot zelfs in het begin van de twintigste eeuw. Het was toch wel gemakkelijk dat je bij het horen of zien van een naam van een persoon meteen wist van wie die persoon een zoon of dochter was. En zeker ook gemakkelijk voor een genealoog!

32. Pieter Anes Koopmans.
Geboren op 11 augustus 1759 in Oosterlittens.
Getrouwd 15 juni 1800 te Winsum (tweede huwelijk).
Overleden in Hindeloopen op 29 november 1830.

Van 1785 tot 1789 woonde hij als " kaaskoper en koopman" in het huis aan de Franekervaart in Oosterlittens waar van 1767 tot 1782 zijn vader had gewoond. Van 1791 tot 1797 woonde ene Pieter Annes (vermoedelijk dezelfde) op een boerderijtje in de buurtschap Helens (later genoemd Gelebuuren) bij Baard, doch kerkelijk bij Oosterlittens behorend. Hij woonde in 1813 in huis no. 6 in Huins. Bij akte dd. 15-7-1813 voor de Maire der gemeente Jorwerd verklaart Pyter Anes Koopmans, wonende te Huins no. 6, "dat hij aanneemt den naam van Koopmans voor familienaam en dat hij heeft tien kinderen: Cornelis (oud 25 jaar), Ane (22), Klaaske (19), Freerk (17), Antje (16), Dooitje (12), Ede (10), Sjoukje (8), Hendrik (6), Age (3)". Zijn beroep van kaaskoper en koopman verklaart de aangenomen familienaam.

Hij moet tussen 1813 en 1824 naar Koudum zijn verhuisd. Deze plaats wordt namelijk in de trouwakte van zijn zoon Freerk dd. 19 februari 1824 als zijn woonplaats genoemd. Vervolgens is hij vóór 1829 naar Hindeloopen verhuisd, waar hij en zijn vrouw op 15 februari 1829 belijdenis deden in de Hervormde kerk. Daarvoor waren zij dus geen lidmaat van de kerk, reden waarom hun woonplaats ook niet achterhaald kan worden uit de lidmatenboeken.

In de kadastrale gegevens van Baarderadeel van 1832 wordt als eigenaar van een tweetal percelen weiland onder Huins, samen ruim 4,5 ha., genoemd "Pieter Anes Koopmans en mede-eigenaren", met daarbij de vermelding "landbouwer te Workum". Hij was echter toen al overleden, zodat moet zijn bedoeld "de erven Pieter Anes Koopmans".

Pieter Anes was eerder getrouwd geweest met Sytske Cornelis' Nieuwdam, die echter later in de overlijdensakte van een van hun kinderen Sytske Cornelis' Toutenburg wordt genoemd. Zij moet in 1799 zijn overleden. Pieter Anes had bij haar zeven kinderen, en bij zijn tweede echtgenote nog eens vijf.

33. Sjoukjen Ages Dijkstra.
Geboren op 2 december 1773 in Lekkum.
Overleden in Hindeloopen op 16 april 1847

Zij werd op 15 juni 1777, dus op 3-jarige leeftijd, te Lekkum gedoopt. Haar leeftijd bij overlijden wordt opgegeven als 75 jaar. Dit is dus twee jaar ouder dan het volgens het doopboek zou moeten zijn. Een soortgelijk verschil treffen we aan in de overlijdensakte van een broer en een zuster van Sjoukje. Haar broers namen de familienaam Dijkstra aan, die blijkbaar werd geacht ook voor haar te gelden.

34. Pieter Hendriks Hendriksma.
Geboren op 4 juni 1769 in Hindeloopen.
Getrouwd 20 mei 1793 te Hindeloopen.
Overleden in Woudsend op 20 oktober 1840.

Zijn beroep was slagter. In de akte van naamsaanneming staat vermeld dat hij als familienaam aanneemt Hendriks, en heet hij dus Pieter Hendriks Hendriks. In de geboorteaktes van de twee jongste kinderen wordt hij nog Pieter Hendriks genoemd. Blijkbaar is de familienaam naderhand Hendriksma geworden, want in zijn overlijdensakte wordt hij aangeduid als Pieter Hendriks Hendriksma. Overigens nemen alle broers en zusters van Pieter de familienaam De Koe aan. Het echtpaar kreeg niet minder dan veertien kinderen. De oudste daarvan was bij de huwelijkssluiting reeds geboren. Jetske (no. 17) was het achtste kind.

35. Grietje Pieters Buma.
Gedoopt op 16 februari 1772 in Koudum.
Overleden in Hindeloopen op 17 juni 1857.

In alle gevonden stukken wordt zij Grietje Pieters genoemd, behalve in haar overlijdensakte, waar zij Grietje Pieters Buma heet, weduwe van Pieter Hendriks Hendriksma, dochter van Pieter Hendriks Buma en Geertje Gerrits. Aangever is zoon Hessel Pieters Hendriksma, oud 50 jaar, schipper te Hindeloopen. Het is nog onduidelijk hoe zij, of haar vader, aan de familienaam Buma kwam. Een relatie met de andere Buma-families is niet gevonden.

36. Anske Alles Fortuin.
Gedoopt op 26 augustus 1770 in Oudega (W).
Getrouwd 29 mei 1796 te Jutrijp.
Overleden in Wijmbritseradeel op 31 januari 1842.

Zijn beroep was schipper. In de akte van naamsaanneming van zijn vader worden de kinderen van deze Anske Alles Fortuin vermeld als kleinkinderen, namelijk van Anske en Sjoukje Johannes'. Deze laatste echtgenote moet waarschijnlijk zijn Feikjen Ruurds, waarmee hij in 1796 trouwde en die in 1808 overleed. Hij trouwde pas in 1810 met Sjoukje Johannes'. Dit was dus ten tijde van de naamsaanneming wel zijn echtgenote, maar niet de moeder van zijn kinderen. De naam van de oudste zoon wijst ook op Feikje Ruurds als moeder.

37. Feikjen Ruurds.
Geboren in 1771.
Overleden in Hommerts op 3 september 1808.

Haar ouders waren vermoedelijk doopsgezind, zodat van haar geen doop werd gevonden. Bij haar overlijden in 1808 wordt vermeld "weduwe, 37 jaar". (Register van overlijdens in Friesland 1806-1811). De toevoeging "weduwe" lijkt een vergissing. Anske Alles leefde toen nog en hertrouwde in 1810.

38. Albert Durks Kamstra.
Gedoopt op 22 april 1759 in Drachten.
Getrouwd 16 mei 1790 in Drachten.
Overleden in Smallingerland op 13 april 1834.

Hij nam voor de mairie te Drachten de familienaam Kamstra aan. De naam zal verband houden met zijn beroep van wolkammer. Bij akte dd. 8-4-1830 geven hij en zijn echtgenote toestemming voor het huwelijk van de bij hen inwonende dochter Durkje met Ruurd Anskes Fortuin te Heeg.

39

39. Joukje Popkes Zandwijk.
Geboren op 30 maart 1759 in Boornbergum.
Overleden in Wijmbritseradeel op 14 juni 1840.

Haar naam wordt ook gespeld als Sandwijk. Bij overlijden was zij volgens de overlijdensakte 76 jaar oud en weduwe. Deze leeftijd klopt dus niet geheel met de geboortedatum volgens het doopboek, die dan in 1763 of 1764 zou moeten hebben gelegen.

40. Sytse Pieters Buma (*).
Geboren op 16 november 1780 in Hommerts.
Getrouwd 2 september 1804 in Jutrijp.
Overleden in IJlst op 16 maart 1861.

Zijn beroep was veehouder. Hij verhuisde 11 augustus 1833 van Jutrijp naar IJlst.

41. Korneliske Taedes Walma.
Geboren op 20 mei 1781, waarschijnlijk in Jutrijp.
Overleden in IJlst op 18 september 1859.

In het doopboek wordt zij Kneliske genoemd en in de overlijdensakte van haar echtgenoot Hendrikske Walma. Zij zal vernoemd zijn naar haar grootmoeder Keele (= Corneliske) Reyns (no. 165).

42. Reintje (Rintje) Hendriks Brugts.
Geboren op 8 augustus 1768 in Schraard.
Getrouwd 18 juni 1797 te Hommerts.
Overleden in Amsterdam op 20 mei 1826.

In het doopboek van Schraard wordt hij Rintje genoemd, en bij zijn huwelijk Reintje Hendriks de Boer. Blijkbaar heeft hij naderhand, evenals zijn broers, het patroniem als familienaam aangenomen. Hij was schipper. Dit beroep verklaart waarschijnlijk het feit dat hij in Amsterdam is overleden.

Volgens de kadastrale gegevens van 1832 (toen het kadaster officieel werd ingevoerd) waren *"de erven Rintje Hendriks Brugts, in leven schipper en wonende te Amsterdam"* in dat jaar eigenaar van een huis met erf ter grootte van 222 m^2 in IJlst aan de (huidige) Zevenpelsen, bijna aan het eind van de toenmalige bebouwing. Er naast was alleen nog de schuitenmakerij van Lammert Geerts van Dijk. Deze Lammert Geerts was ook eigenaar van de daar staande eekmolen of pelmolen. Met deze molen werd eikenschors, afkomstig van de houtzagerijen, vermalen tot "run", een stof die gebruikt werd in de leerlooierijen. Bij deze pelmolen stonden zeven arbeidershuisjes. Daaraan ontleent de straat de naam Zevenpelsen.

43. Sibbeltje Simons de Jager.
Geboren op 13 augustus 1776 in Jutrijp.
Overleden in Kampen op 12 oktober 1813.

Vermoedelijk was Kampen de thuishaven van dit schippersgezin. Hun dochter Jeltje (no. 21) werd ook in Kampen geboren. Een zuster van Sibbeltje, Akke, trouwt in 1795 met Walle Jansz Oppedijk, eigenaar van een houtzaagmolen te IJlst. Walle overlijdt in 1811, en Akke, zijn weduwe, zet de zaken voort. Zij is daarmee de naamgeefster van de bekende IJlster houthandel Wed. W.J. Oppedijk. Haar kleinzoon, Walle Melisz Oppedijk, wordt in 1859 voor de helft eigenaar van de houtzaagmolen De Rat in IJlst, en verkrijgt in 1868 ook de andere helft.

44. Jacob Jacobs de Jong.
Gedoopt op 11 augustus 1785 in Veendam.
Getrouwd 28 april 1805 in Wijmbritseradeel.
Overleden in IJlst op 20 februari 1866.

Zijn beroep was schipper. Hij nam voor de mairie IJlst de familienaam De Jong aan. Daarbij staat de aantekening "Heeft vanouds de naam De Jong". Mogelijk hield de naam verband met het feit dat zijn vader ook Jacob heette, en hij dus " Jacob de jong(e)" was. Mogelijk was de vader voor zijn geboorte overleden. In zo'n geval was het gebruikelijk dat het kind de naam van de overleden vader kreeg. In de overlijdensakte van Jacob de Jong wordt vermeld *"zoon van Jacob de Jong en Aaltje, de verdere namen van de moeder zijn de aangevers niet bekend"*. Zijn broer Derk en tenminste een van zijn zusters krijgen de familienaam Tjaks of Tjakkes (hun grootvader heette Berent Tjakkes, no. 176).

45. Aukje Rimmerts Bakker.
Geboren op 14 januari 1777.
Overleden in IJlst op 10 februari 1860.

Aangenomen dat haar man Jacob kort na zijn geboorte werd gedoopt was zij dus meer dan acht jaar ouder dan haar man, die bij zijn huwelijk 19 jaar was.

46. Taeke Thomas' Schuurmans.
Geboren op 2 mei 1796 in IJlst.
Getrouwd 11 juni 1815 te IJlst.
Overleden in IJlst op 17 oktober 1855.

Ook hij was dus 19 jaar toen hij trouwde (zijn vrouw 18 jaar). Zijn beroep was timmerman. Volgens de kadastrale gegevens 1832 bezat hij in IJlst een "hok, schuur en erf" ter grootte van 1480 m² aan de (huidige) Eegracht, ongeveer in het midden tussen de Ned. Herv. en de Doopsgezinde kerk.

47. Geertje Willems Muurling.
Geboren op 26 maart 1797 in Joure.
Overleden in IJlst op 20 juli 1845.

De familienaam Muurling (of Muirling) werd reeds in 1665 door haar voorouders gebruikt. Verondersteld wordt dat de naam is afgeleid van Moorling, d.w.z. uit het veen (=moor), of "vervener".

48. Jeen Tjeerds Jager.
Geboren op 1 april 1780 in Drachten.
Getrouwd 16 juni 1808 in Akkrum (Doopsgezinde Kerk).
Overleden in Drachten op 14 september 1837.

Zijn beroep was timmerman. Hij nam in 1812 voor de Mairie Drachten de familienaam Jager aan. Zijn adres was toen Zuiderdrachten 69. Aangezien zijn vader en zijn grootvader ook al de naam Jager voerden zal het hier waarschijnlijk de bevestiging van een reeds bestaande naam betreffen.

49. Jeltje Folkerts Bijlsma (of Boonstra).
Geboren op 23 december 1786 in Oldeboorn.
Overleden in Opeinde (gem. Smallingerland) op 3 februari 1872.

Zij komt zowel voor onder de naam Bijlsma (o.a. in haar overlijdensakte) als onder de naam Boonstra (in de overlijdensaktes van haar zoons). Jan Folkerts te Gorredijk, vermoedelijk een broer van Jeltje, neemt de naam Bijlsma aan, wellicht de reden waarom haar ook de naam Bijlsma wordt toegedacht.

50. Sipke Paulus Wellinga.
Geboren op 30 december 1776 in Bolsward.
Getrouwd 2 november 1806 te Drachten.

Overleden in Zuiderdrachten op 14 december 1821.

Zijn beroep was "kledermaker". Daarmee brak hij met de traditie van zijn voorvaders, die tot vijf geslachten terug allen koperslager waren. Hij nam in 1811 voor de mairie te Drachten de familienaam Wellinga aan. Deze naam zal vermoedelijk verband houden met het beroep van koperslager (wellen = lassen, solderen). Hij woonde toen in Zuiderdrachten, huis no. 98.

51. Eva Maria Rosina Martinus' Helbig.
Geboren op 26 maart 1778 in Zuiderdrachten.
Overleden in Drachten op 11 december 1839.

52. Tijmen Sjoukes van Essen.
Gedoopt op 18 juli 1751 in Aegum, grietenij Idaarderadeel.
Getrouwd 13 november 1796 te Aegum
Overleden in Aegum in 1800.

Hij was boer van beroep. Na zijn overlijden werden op 7-4-1803 door het Gerecht Idaarderadeel tot voogd over zijn minderjarige kinderen Sjouke en Tjitske benoemd Geert Sjoukes te Friens en Jelmer Gooyes te Aegum. Omdat de laatste kort daarna overleed werd in zijn plaats benoemd Jochum Brugts.

53. Feykjen Wessels (Schuurmans).
Geboren op 4 februari 1773 in Garijp.
Overleden in Aegum op 19 december1845.

In het Frysk Kertiersteateboek wordt zij met de achternaam Schuurmans genoemd, doch zij komt niet voor in het familienamenregister van 1811/1812 (Haar vader was toen al overleden). Ook in haar overlijdensakte komt geen familienaam voor. Feykjen Wessels hertrouwde op 1 mei 1803 met Pieter Geerts (Hoekstra).

54. Gabe Jans Venema.
Geboren op 8 juli 1764 in Tietjerk.
Getrouwd 16 november 1788 te Suawoude.
Overleden in Tietjerk op 12 augustus 1826.

Hij was timmerman van beroep. In 1811 neemt hij de familienaam Fenema aan. Dit is blijkbaar later veranderd in Venema, de naam waarmee hij in zijn overlijdensakte genoemd wordt.

55. Trijntje Jochums van der Woude.
Geboren op 16 augustus 1768 in Hardegarijp.
Overleden in Tietjerk op 12 november 1844

Zij kreeg blijkbaar de naam Van der Woude omdat haar broer Pieter deze naam voor zich liet registreren. Trijntje en Gabe zijn achterkleindochter en kleinzoon van hetzelfde (over)grootouderpaar, namelijk Jochum Klases en Stijntje Jelles (nos. 440/441 resp. 216/217). Dus neef en achternicht.

56. Pier Tjipkes van Netten.
Geboren op 21 januari 1773 in Gaastmeer.
Getrouwd 16 januari 1803 te Gaastmeer.
Overleden in Wijmbritseradeel op 31 oktober 1855.

Hij was visser van beroep en nam in 1811 voor de mairie te Heeg de familienaam Van Netten aan. Zijn beroep verklaart de familienaam. In de overlijdensakte wordt vermeld dat hij bij overlijden 84 jaar was. Zijn geboortedatum zou dus in 1770 of 1771 zijn, hetgeen afwijkt van de geboortedatum die het doopboek wordt genoemd.

57. Meino (of Meinu) Jacobs.
Geboren op 26 juli 1774 in Joure.
Overleden in Heeg op 26 februari 1856.

De gegevens van de Mormonen geven haar de familienaam De Jong, doch deze naam is verder nergens aangetroffen, ook niet in haar overlijdensakte.

58. Anne Wiebes Mulder (of Marinus).
Geboren op 7 juni 1769 in Nijeholtwolde.
Getrouwd 10 mei 1811 te Langezwaag.
Overleden in Blesdijke op 27 april 1827.

Zijn beroep was veenarbeider en schipper. Hij neemt in 1811 de familienaam Marinus aan (in de betreffende akte gespeld als Marines), doch in zijn overlijdensakte wordt hij Mulder genoemd. Zijn in 1818 geboren zoon heet nog Marinus. Blijkbaar heeft hij na 1818 zijn naam gewijzigd.

59. Sijtske Hendriks Annema.
Geboren in 1788 in Ureterp.
Overleden in Heeg op 29 juni 1862.

44

Zij werd op 9-jarige leeftijd, op 3 december 1797, in Ureterp gedoopt. In haar overlijdensakte wordt zij Sijtske Hendriks Annema genoemd.

60. Pier Rimmelts Visser.
Geboren op 12 februari 1765 in Idskenhuizen.
Getrouwd 2 juli 1797 in Idskenhuizen.
Overleden in Langweer op 1 november 1829.

Zijn beroep was visser, kastelein en koopman. In 1811 neemt hij voor de mairie Langweer de familienaam Visser aan. Gezien zijn beroep niet onbegrijpelijk.

61. Janke Johannes Vellinga.
Geboren in 1771, gedoopt op 15 maart 1772 in Ureterp.
Overleden in Langweer op 22 juni 1844.

In haar overlijdensakte wordt zij Velling genoemd, maar haar broer Schelte wordt bij zijn overlijden Vellinga genoemd, en bij het overlijden van haar moeder wordt gezegd "weduwe van Johannes Scheltes Vellinga". Aangenomen moet dus worden dat Velling een schrijffout is en haar naam Vellinga moet zijn.

62. Lieuwe Eeltjes Bootsma.
Geboren op 28 februari 1764 in Oppenhuizen.
Getrouwd 8 juni 1794 te Oppenhuizen.
Overleden in Hommerts op 6 februari 1849.

Hij neemt voor de mairie Langweer de familienaam Bootsma aan.Op 4 mei 1811 wordt hij met zijn vrouw ingeschreven als lidmaat te Hommerts, komende van Oppenhuizen. In 1816 is hij huisman in Langweer. In 1820 en daarna woont hij in Heeg.

63. Grietje Gerrits Boelens.
Geboren op 10 januari 1777 in Oppenhuizen.
Overleden in Oppenhuizen op 18 april 1839.

Haar broer Jan neemt de naam Boelens aan, waardoor zij blijkbaar geacht wordt dezelfde familienaam te hebben. Lieuwe en Grietje zijn achterneef en -nicht van elkaar. Zij hebben in het echtpaar Pytter Eelckes en Grytie N. (nos. 496/497 resp. 504/505) gemeenschappelijke overgrootouders.

10. Zes Generaties terug.

(nummers 64 – 127)

Van alle personen in deze generatie konden de namen nog worden getraceerd, doch de gegevens omtrent geboorte of doop en overlijden konden in een groot aantal gevallen niet worden achterhaald. De geboortedata van deze generatie liggen in de periode 1710 tot 1770. De laatste overlijdensdatum was in 1839. De namen zijn voor het grootste deel patroniemen, omdat de meeste leden van deze generatie al voor 1811 waren overleden. Pas in dat jaar werd het voeren van een vaste familienaam verplicht. Een belangrijke aanvullende bron van gegevens voor deze generatie zijn de zgn. quotisatiekohieren van 1749. (Zie voor bijzonderheden Hoofdstuk 22). Gealimenteerden (bedeelden) waren van de quotisatie vrijgesteld, maar soms komen hun namen wel in de kohieren voor.

64. Ane Nannes.
Gedoopt 5 oktober 1710 in Huins.
Getrouwd vermoedelijk in 1743.
Overleden op 10 juni 1782 te Oosterlittens.

Hij is de stamvader van de familie Koopmans van de kwartierdragers. Al zijn mannelijke nakomelingen droegen/dragen de naam Koopmans. In het boekje "KOOPMANS, een Friese Familie door de Eeuwen heen" worden over hem wat meer bijzonderheden vermeld.

Hij woonde in Oosterlittens en was tot 1767 *"huisman op de kerkeplaats in de buren"* aldaar. Huisman betekent huurboer of pachter. Met de kerkeplaats in de buren (Fries: buorren) wordt bedoeld een boerderijtje van de kerk, het zgn. "Kosterijplaatsje" gelegen in de dorpskom, niet ver van de kerk. Vanaf 1767 woonde Ane Nannes als *"koemelker, varkensslagter en handelaar"* in een pand aan de (huidige) Loaijersstrjitte (Looiersstraat), in Oosterlittens.

In de quotisatiekohieren 1749 komt Ane Nannes onder Oosterlittens voor met de kwalificatie "gemeen boer", en een aanslag van 28 car. guldens en 5 stuivers. Dit ligt ongeveer op het gemiddelde van alle toenmalige gezinshoofden in Oosterlittens. Zijn gezin bestond toen uit twee personen boven 12 jaar en 3 personen beneden 12 jaar.

De huwelijksdatum en -plaats zijn niet precies na te gaan. In ieder geval waren zij in 1744 al getrouwd. Mogelijk vond het huwelijk plaats in 1743 in Hylaard, omdat van deze plaats de kerkelijke trouwboeken van vóór 1772 ontbreken.

65. Antje Freerks.
Geboren Omstreeks 1715
Overleden op 14 januari 1801 te Oosterlittens.

In het lidmatenboek van de Ned. Hervormde gemeente van Oosterlittens van 1744 staat de volgende aantekening van dominee Henricus Grevenstein, de toenmalige predikant aldaar: *"20 mei aangenomen, na van mij enige tijd onderricht in de gereformeerde leer te hebben ontvangen, op mondelinge belijdenis, Ane Nannes en zijn vrouw Antje Freerks, de laatste van meniste afkomst, gedoopt 22 mei 1744 en toegelaten tot het Heilig Avondmaal, te houden naar gewoonte op de Pinxterdag 24 mei"*. In 1744 viel Pinksterzondag inderdaad op die datum. Belijdenis en doop vonden dan blijkbaar plaats op doordeweekse dagen. In het lidmatenboek van Oosterlittens wordt haar overlijdensdatum genoemd, waarbij wordt vermeld dat zij toen circa 85 jaar oud was.

De herkomst van Antje Freerks kon niet vastgesteld worden. Omdat zij van "meniste afkomst" was en als kind dus niet gedoopt was kunnen haar ouders en geboorteplaats niet in enig doopboek gevonden worden. Verder roepen de namen van het eerste en derde kind van Ane en Antje, die de namen Hendrik en Klaaske kregen, een vraagteken op omdat geen van de grootouders of overgrootouders van de kinderen die naam droeg. Misschien was Antje een weeskind en werd zij opgevoed door pleegouders, en mogelijk werden deze kinderen vernoemd naar die pleegouders. Zouden deze pleegouders wellicht Hendrik Anes en Klaaske Pytters geweest kunnen zijn? Deze Hendrik Anes was "schuitvoerder" en mogelijk een oom van Ane Nannes, namelijk broer van Bauk Anes, zijn moeder. Of werd Ane zelf door zijn oom en tante grootgebracht? Het is opvallend dat geen van de kinderen wordt vernoemd naar de ouders van Ane, waarvan de reden vermoedelijk gezocht moet worden in het gedrag van vader Nanne Freerks (zie bij no. 130). Verder valt het op dat bij de volkstelling van 1744, dus kort na zijn huwelijk, Ane Nannes als gezinshoofd wordt genoemd met een gezin van vier volwassenen. Had hij wellicht de pleegouders van zijn vrouw bij zich in huis genomen? Het blijft echter een pure speculatie.

66. Age Klases.
Geboren 16 september 1752 te Lekkum.
Getrouwd 9 november 1771 in Leeuwarden
Overleden 9 april 1793 te Gorredijk

Hij deed met zijn echtgenote belijdenis te Lekkum op 15 juni 1777, waarbij zowel hijzelf als zijn echtgenote werden gedoopt. Een week later werden hun oudste vier kinderen gedoopt, waaronder Sjoukje (no. 33). Zijn zoons voerden later de familienaam Dijkstra, doch een officiële naamsaanneming, kon niet worden gevonden. Mogelijk vond deze plaats in Leeuwarden of in Menaldumadeel, van welke gemeenten de betreffende registers verloren zijn gegaan.

Age Klazes is, via zijn zoon Harmen, tevens een voorvader van Froukje Douma, de echtgenote van kwartierdrager 1i (Zie hoofdstuk 20).

67. Dooitske Harmens.
Geboren omstreeks 1745 in Hardegarijp.
Overleden in Lemsterland op 4 augustus 1825.

Zij woonde bij haar huwelijk "onder de klokslag van Leeuwarden". In haar overlijdensakte wordt zij Douwtje Harmens genoemd, weduwe van Age Klases, en wordt als geboorteplaats genoemd Hardegarijp. In de overlijdensakte van dochter Jantje heet zij Gooitske. Bij overlijden is zij volgens haar overlijdensakte "ruim 80 jaar". De akte bevat de aantekening "Namen ouders onbekend".

68. Hindrik Harmens.
Getrouwd 20 juli 1756 te Hindeloopen (gerecht Hindeloopen).
Overleden 16 juli 1805 te Hindeloopen.

Zijn overlijdensdatum wordt genoemd in het autorisatieboek van Hindeloopen, bij de aanstelling op 18 juli 1805 van twee executeurs *"over de boedel en nalatenschap van Hindrik Harmens, op 16 juli 1805 te Hindeloopen overleden, een en ander volgens codicil van de overledene dd. 9 oktober 1804".*

69. Trijn Hessels.
Gedoopt op 3 augustus 1729 in Hindeloopen.

70. Pieter Hendriks.
Gedoopt op 17 april 1740 in Ypecolsga.
Getrouwd 9 november 1760 in Woudsend.

In de overlijdensakte van dochter Grietje (no. 35) wordt hij Pieter Hendriks Buma genoemd. Het is nog niet duidelijk waarom zijn kinderen zich Buma noemden.

71. Geertje Gerrits.

Haar voornaam wordt soms gespeld als Gertje of als Gerke.

72. Alle Anskes Fortuin.
Gedoopt op 15 maart 1744 in Heeg.
Getrouwd 13 mei 1764 in Teroele, gem. Doniawerstal.
Overleden in Heeg op 3 januari 1820.

Hij was van beroep schipper. Bij akte dd. 21-12-1811 voor de Mairie te Heeg nam hij de familienaam Fortuin aan. Volgens de kadastrale gegevens bezaten zijn erfgenamen in 1832 te Heeg een huis en erf ter grootte van 50 m2. Aanpalend bezat broer Gerrit Anskes een boomgaard ter grootte van 240 m^2.

73. Tjitske Linzes.
Geboren vóór 1737.
Overleden vóór 1791.

In het doopboek van Heeg wordt zij bij de doop van haar kinderen Tjitske Rinses genoemd. Uit de naam van haar tweede kind valt af te leiden dat dit een schrijffout is.

74. Ruurd Aukes.
Getrouwd 13 december 1767 te Oppenhuizen.
Overleden vóór 1781.

Waarschijnlijk waren zijn ouders doopsgezind, waardoor er geen gegevens omtrent plaats en tijdstip van zijn geboorte of doop bekend zijn.

75. Teetske Sjoerds.
Geboren omstreeks 1742 in Uitwellingerga.
Overleden in Wijmbritseradeel. op 17 juni 1824.

Zij woonde als weduwe in Hommerts-Jutrijp, waar zij op 3 december 1818 belijdenis deed. Bij haar overlijden was zij weduwe en 82 jaar oud. Zij trouwde op 14 oktober 1781 met Hette Tomas' (later Brouwer), die eerder getrouwd was geweest met Saakjen Douwes. Haar eerste echtgenoot Ruurd Aukes zal dus voor die datum zijn overleden.

76. Durk Hemkes.
Getrouwd 22 mei 1746 te Drachten.
Overleden vóór 1797.

Volgens het quotisatiekohier 1749 was hij weversknecht in Noorderdrachten en had hij een gezin van twee volwassenen en twee kinderen. Hij wordt daar Dirck Hempkes genoemd.

77. Aaltje Joekes.
Overleden in 1799/1800 in Zuiderdrachten.

In sommige documenten wordt zij Aaltje Foekes genoemd, doch het is aannemelijk dat Aaltje Joekes de juiste naam is.

78. Popke Roels.
Gedoopt op 2 augustus 1722 in Drachten.
Getrouwd 11 mei 1755 in Drachten.

Het quotisatiekohier 1749 vermeldt van hem *"redelijk in staat"*. Hij woonde toen in Noorderdrachten en was nog vrijgezel.

79. Mootske Johannis'.
Overleden in Gersloot omstreeks 1791.

Bij haar huwelijk kwam zij uit Ureterp. Haar ouders konden niet worden gevonden.

80. Pieter Feikes Buma.
Gedoopt op 15 juli 1759 in Hommerts.
Getrouwd 27 februari 1780 te IJlst
Overleden in Idsega (ten huize van zoon Feike) op 27 oktober 1838.

Zijn beroep was veehouder te Hommerts en IJlst. Hij was in 1832 eigenaar van een boomgaard, huis en erf aan het zuideind in IJlst (voorbij de Kerhofsteeg aan de huidige Galamagracht). Verder bezat hij nog twee percelen weiland aan het Zouw en een perceel aan de Wijmerts.

81. Trijntje Sytses.
Geboren omstreeks 1753 in Akkrum.
Overleden in IJlst op 13 september 1833.

82. Taede Pyters Walma.

Gedoopt 24 augustus 1738 in Jutrijp.
Getrouwd 9 januari 1769 in Hommerts.
Overleden 2 augustus 1802 te Jutrijp.

Hij was huisman. Zijn drie zonen namen de familienaam Walma aan. In de overlijdensakte van zijn dochter Korneliske in 1859 wordt hij vermeld als Taede Pieters Walma (vader van de overledene). Het is niet duidelijk of hij inderdaad al de familienaam Walma voerde, maar het zou zeer wel mogelijk zijn. Hij zou de naam dan hebben ontleend aan zijn grootmoeder van moederszijde Hots Teedes Walma (no. 331).

83. Maaike Pieters Croles (*).

Gedoopt op 8 februari 1750 in IJlst.
Overleden 23 maart 1807 te IJlst.

Hier komen we met het voorgeslacht terecht in de bekende IJlster patriciërsfamilie Croles (afwisselend gespeld als Carolus, Crolis, Croles, Kroles of Kroeles). In de overlijdensakte van haar dochter Korneliske wordt Maaike genoemd als moeder van de overledene onder de naam Maaike Pieters Buma. Dit moet op een vergissing berusten van hetzij de aangever hetzij de ambtenaar van inschrijving: de echtgenoot van Korneliske heette namelijk Buma. In het boek "Cnossen/Knossen, Geschiedenis van een Friese Familie" komt zij voor als Maike Piters Croles, echtgenote van Tide Pieters Walma.

84. Hendrick Brugts.

Getrouwd 29 januari 1745 te Schraard.
Overleden vóór 1777.

Hij komt voor in het quotisatiekohier Wonseradeel (Schraard) als "gering schuitevoerder", met een gezin van 3 volwassenen (boven 12 jaar) en 3 kinderen. Wie deze derde "volwassene" was is niet duidelijk. Zijn "actieradius" als schipper was blijkbaar vrij groot, want zijn oudste kind werd in 1746 geboren in Antwerpen. Het is bekend dat de Friese turf destijds tot in Antwerpen werd verkocht.

85. Grietje Sjoerds.

Overleden in 1786.

In het Decretenboek van Opsterland komt voor een executoriale verkoop op 17-4-1777 door Hauk Sjoerds te Schraard en Wybe Sjoerds als curatoren over de

51

kinderen van Hendrik Bruchts bij Grietje Sjoerds te Ureterp-Vallaat. Er worden hierbij tien kinderen genoemd, waarvan zeven minderjarig en waaronder Rintje (no. 42) als jongste. De curator Wybe Sjoerds is een broer van Grietje Sjoerds, dus een oom van de kinderen. Van Hauk Sjoerds kon geen familierelatie met Grietje Sjoerds gevonden worden.

86. Sijmen Ekkes.
Gedoopt op 26 december 1740 in Hommerts.
Getrouwd 13 juli 1766 in Hommerts.
Overleden in 1809.

Hij is van beroep schipper en koopt als vrijgezel in 1765 voor 2850 caroli guldens een *"wel beseylde schuit met zeyl, treil, anker en touwen en verdere loopende wand"* van Rintie Johannes'. Op 6 november 1808 verhuist hij van Jutrijp naar IJlst. Hij is of wordt dan blijkbaar boer, want volgens de kadastrale gegevens van 1832 zijn in dat jaar de "erven Sijmen Ekkes de Jager, in leven wonende te Jutrijp", eigenaar van een huis met erf gelegen aan de (huidige) Eegracht, ongeveer tegenover de brug bij de Kerkhofsteeg. Verder nog een perceel hooiland en een perceel weiland aan de Kerksloot ter hoogte van de (latere) straatweg Sneek-Lemmer, en nog enkele percelen verder zuidelijk aan de grens van IJlst met Wijmbritseradeel.

87. Jeltje Johans Cnossen (*).
Geboren op 24 september 1741 in Jutrijp.
Overleden 8 maart 1808 te IJlst.

Zij was een telg uit het grote en welbekende Friese geslacht Cnossen/Knossen, waarvan de geschiedenis teruggaat tot in de vijftiende eeuw. De familie ontleent haar naam aan de buurtschap Knossens bij Bolsward, gebouwd op twee waarschijnlijk in de tiende eeuw opgeworpen terpen. Het buurtschapje bestond uit tenminste twee boerderijen, Groot Knossens en Klein Knossens, en was gelegen even ten zuidoosten van Bolsward. Groot Knossens lag aan de Wijmerts, later de Bolswarder Vaart genoemd, de vaart van Bolsward naar Oosthem. Klein Knossens lag aan een zijgeul van de Wijmerts. De weg aan de zuidrand van Bolsward waar de buurtschap lag heet nu de Cnossenlaan. Aan het einde van deze laan ligt nog de boerderij Groot-Knossens, op een zacht glooiende terp. Klein Knossens brandde af aan het eind van de 19^e eeuw, en de daaronder liggende terp werd afgegraven. De oudste bekende voorvader van de Cnossen-familie is Uupca Johannis to Knossens (no. 178176) die reeds in 1435 op Knossens woonde. Rond het midden van de 17^e eeuw verhuisde de familie grotendeels naar Hommerts/Jutrijp, waar men tot in de twintigste eeuw de grootste concentratie van personen met de naam Cnossen aantrof.

88. Jacob Berents.

Gedoopt 26 oktober 1736 in Muntendam
In ondertrouw 30 november 1766 te Veendam.

Zijn beroep was blijkens de huwelijksakte van zijn dochter Wijchertje zeeman, en volgens de huwelijksakte van zijn zoon Derk schippersknecht. In de huwelijksakte van Wijchertje in 1813 wordt hij Jacob Berends Tjaks genoemd. Blijkbaar nemen zijn zonen (behalve Jacob) deze familienaam (of de naam Tjakkes, die we soms aantreffen) aan, ontleend aan hun overgrootvader, die Tjakke heette.

89. Aaltje Derks.

Gedoopt 4 mei 1732 te Veendam

Bij het huwelijk van dochter Wijchertje in 1813 wordt zij Aaltje Derks Duit genoemd. Dit is blijkbaar de naam die haar familie aannam.

90. Rimmert Haukes.

Gedoopt op 19 oktober 1749 in IJlst.
Getrouwd 31 december 1775 in IJlst.
Overleden vóór 16 januari 1805.

In de overlijdensaktes van twee van zijn kinderen wordt hij Rimmert Haukes Bakker genoemd. Hij was vermoedelijk bakker in IJlst, evenals zijn vader.

91. Jeltje Gooyes Brouwer.

Geboren in 1753.
Overleden in IJlst op 11 december 1823.

Op 16 januari 1805 trouwt Jeltje opnieuw, en wel met Jan Jans de Jong. Hierbij wordt zij Jeltje Gooyes Brouwer genoemd. Deze naam was dus blijkbaar al voor 1811 bij de familie in gebruik. In de overlijdensaktes van haar kinderen wordt zij Jeltje Gooyes Bouma, Jeltje Bouwer en Jeltje Gooyes genoemd.

92. Thomas Taekes Schuurmans.

Geboren op 8 augustus 1767 in IJlst.
Getrouwd 18 mei 1788 in Wons.
Overleden in IJlst op 10 mei 1839.

Hij was doopsgezind en werd gedoopt en deed belijdenis in IJlst op 28 februari 1789. Zijn beroep was timmerman.

93. Trijntje Ottes Wierema.
Geboren in juli 1767 in Wons.
Overleden in IJlst op 25 april 1811.

Zij kwam na haar huwelijk met attestatie van de doopsgezinde gemeente van Makkum naar IJlst. Haar familienaam Wierema komt voor in de overlijdensakte van twee van haar kinderen. Haar broer Pieter nam officieel de naam Wiersma aan, maar diens nazaten noemen zich Wierema. Dit zal de reden zijn dat ook aan Trijntje de naam Wierema wordt toegekend. Een achterneef laat voor zich de naam Wierma registreren, maar ook zijn nazaten gebruiken later de naam Wierema.

94. Willem Balthazars Muurling.
Geboren 21 mei 1769 in Lemmer
Getrouwd 14 juni 1795 in Joure.
Overleden vóór 12 november 1801.

95. Meinskjen Eelkes Weersma.
Geboren op 18 juli 1768 te Joure.
Overleden in Sneek op 3 augustus 1826.

In het doopboek wordt als haar moeder genoemd Janke Sybes, de eerste echtgenote van haar vader. Haar vader was toen echter al getrouwd met Geertje Pieters, zijn tweede echtgenote. Uit het feit dat de dochter van Meinskje Geertje heet, mag worden afgeleid dat Geertje Pieters haar moeder is, en dat de vermelding in het doopboek dus op een vergissing berust. Bij drie van de andere zes kinderen van Eelke Baukes en Grietje Pieters wordt dezelfde vergissing gemaakt. Voor de mairie te Joure liet Meinskjen Eelkes in 1811 de familienaam Muurling registreren (voor haar toen reeds overleden man en hun kinderen Geertje en Eelke). In haar overlijdensakte heet zij zelf Weersma, de naam die haar broer Siebe aannam.

96. Tjeerd Douwes Jager.
Geboren in 1745 in Noorderdrachten.
Getrouwd 8 januari 1769 te Drachten.
Overleden in Noorderdrachten omstreeks 1798.

Bij zijn huwelijk woonde hij in Boornbergum. In het speciekohier Smallingerland wordt hij vanaf het jaar 1785 Tjeerd Douwes Jager genoemd.

97. Jeltje Jeens.
Geboren in 1746 in Noorderdrachten.
Overleden in Noorderdrachten op 7 september 1832.

Zij was afkomstig uit Opeinde.

98. Folkert Alberts.
Gedoopt op 18 november 1753 in Oldeboorn.
Getrouwd 10 september 1780 te Oldeboorn.
Overleden vóór 1811.

Zijn beroep was scheepstimmermansknecht.

99. Sjieuwke Ysbrands.
Gedoopt in 1756 in Oldeboorn.
Overleden in Oldeboorn op 26 oktober 1826.

In haar overlijdensakte wordt vermeld dat zij 60 jaar was en gehuwd. Dit zou dus 70 jaar moeten zijn als het geboortejaar juist is. De akte noemt geen familienaam.

100. Paulus Sipkes Wellinga.
Gedoopt op 3 augustus 1752 in Bolsward.
Getrouwd 26 mei 1776 te Bolsward.
Overleden in Harlingen op 10 mei 1810.

Hij was van beroep koperslager. Dit beroep ging kennelijk van vader op zoon over, want zijn betovergrootvader (no. 1600) was ook al koperslager. Bij de doop van zijn vier jongste kinderen (uit een tweede huwelijk) wordt hij vanaf 1786 al Wellenga genoemd.

101. Gooikjen Jans.
Geboren op 9 januari 1749 in Bolsward.
Overleden in Bolsward tussen 1776 en 1782.

102. Martijn Helbig.
Geboren in 1751 in Sapen (Dld).
Getrouwd 20 april 1777 in Nijehaskerschans.
Overleden in Drachten op 29 juli 1817.

Zijn beroep was zadelmaker.

103. Geertje Jans Brinksma.
Geboren op 12 mei 1747 in Nijehaske.
Overleden in Noorderdrachten op 18 maart 1813.

104. Sjouke Tymens.
Gedoopt op 20 april 1721 in Aegum.
Getrouwd omstreeks 1744.
Overleden in Aegum in 1795.

In het quotisatiekohier 1749 onder Grouw staat hij vermeld als *"gemeen boer"* met een gezin van 4 volwassenen (= personen boven 12 jaar) en 1 kind. Wie de twee extra volwassenen waren is niet duidelijk. Plaats en datum van zijn huwelijk konden niet worden getraceerd.

105. Elbregtje Bouwes.
Overleden in 1806 in Aegum.

Gegevens omtrent haar geboorte/doop konden niet worden gevonden. Gezien de namen van haar kinderen (alle namen van groot- en overgrootouders) lijkt het zeer waarschijnlijk dat zij de dochter is van Bouwe Geerts en Klaaske Jentjes (zie nos. 210 en 211).

106. Wessel Jans.
Getrouwd 8 mei 1763 te Garijp.
Overleden vóór 1804.

In het quotisatiekohier 1749 staat hij vermeld onder Bergum als : *"weversknecht, wint de cost".*

107. Tjitske Hendriks.
Geboren omstreeks 1735.
Overleden op 6 oktober 1808 te Garijp..

Bij haar overlijden wordt vermeld dat zij 5 kinderen en 8 kleinkinderen had.

108. Jan Jochums.
Geboren op 28 december 1715 in Tietjerk.
Getrouwd 3 mei 1750 in Hardegarijp.

Quotisatie 1749: Hardegarijp, *"vrijgesel, wint de kost".*

109. Doetje Gabes.
Gedoopt 20 november 1729 in Britsum.

Bij haar huwelijk kwam zij uit Deinum.

110. Jochum Pieters (*).
Gedoopt op 8 augustus 1745 in Hardegarijp.
Getrouwd 23 november 1766 in Hardegarijp.
Overleden in Hardegarijp op 14 december 1807.

111. Trijntje Hendriks.
Geboren 1745 in Hardegarijp.
Overleden te Hardegarijp op 23 april 1809

112. Tjepke Geerts.
Gedoopt 10 januari 1734 in Gaastmeer.
Getrouwd 12 mei 1763 in Gaastmeer.
Overleden vóór 1811.

113. Trijntje Piers.
Geboren in 1739 of 1740.
Overleden in Wijmbritseradeel op 1 april 1814.

De herkomst van Trijntje Piers is niet duidelijk. In haar overlijdensakte wordt vermeld dat zij 74 jaar was en weduwe, maar er wordt niet vermeld wie haar ouders waren. Ze werd op 6 maart 1767 in Gaastmeer als volwassene op belijdenis gedoopt, waardoor ook de doopboeken geen uitsluitsel geven omtrent haar ouders. Haar eerste kind, een dochter, wordt Lolkje genoemd. Een voor de hand liggende veronderstelling is dan dat haar ouders Pier en Lolkje hebben geheten. Er komt inderdaad in de buurt een echtpaar voor met die namen, namelijk Pier Aukes Jongbloed en Lolkje Taedes, getrouwd op 1 september 1737 in Oppenhuizen. Dit echtpaar heeft inderdaad een dochter Trijntje, maar die is zeven jaar jonger dan "onze" Trijntje, en haar huwelijk en overlijden zijn ook verder te traceren. Dit is dus duidelijk een andere Trijntje Piers.

114. Jacob Jacobs.
Gedoopt op 12 augustus 1736 in Joure.
Getrouwd 3 januari 1768 te Joure.
Overleden in 1786.

Hij was van beroep schipper. Bij zijn doop wordt alleen de naam van de moeder, Geys Aukes genoemd, en wordt verder aangetekend *"onecht, geruyme tijt out"*. Of bij deze geruime tijd aan maanden of jaren moet worden gedacht is onduidelijk, zodat ook de geboortedatum van Jacob onduidelijk is. Dat het om deze Jacob gaat wordt afgeleid uit de naam van zijn eerste dochter, Geiske, en zijn derde dochter Meinu, dezelfde naam als die van de moeder van Geys(ke). De drie kinderen van Jacob worden kennelijk om en om protestants en katholiek gedoopt, omdat hij Ned. Hervormd was en zijn vrouw katholiek.

115. Jennigje (Janneke) Beernts.
Gedoopt op 16 november 1740 Op de Heide (St. Nicolaasga).
Overleden in 1786.

Zij was katholiek. Ze wordt bij haar geboorte Jennigje genoemd, bij de doop van dochter Stintje Jannigje, bij haar huwelijk Janke en in de overlijdensakte van dochter Meino Janneke. "Op de Heide" is de aanduiding van een "statie" (standplaats van een pastoor) en verwijst naar een in 1691 gebouwd schuilkerkje op de plaats van het huidige perceel Heide 20 bij Sint Nicolaasga. Het kerkje, bedoeld voor de katholieken in de gehele grietenij Doniawerstal, werd in 1835 afgebroken, nadat er in 1833 voor de rooms-katholieken in Sint Nicolaasga een zgn. waterstaatskerkje was gebouwd. In 1885 werd de huidige neogotische katholieke kerk in Sint Nicolaasga gebouwd.

116. Wybe Siegers.
Getrouwd 28 augustus 1768 te Lippenhuizen (tweede huwelijk).
Overleden vóór 1811.

Hij was eerder getrouwd geweest met Tjaltje Jacobs en had uit dit huwelijk 4 kinderen, geboren tussen 1751 en 1759.

117. Wijtske Annes.
Gedoopt op 29 december 1737 in Ureterp.

118. Hendrik Annes.
Gedoopt op 15 augustus 1751 in Wijnjeterp.
Getrouwd 29 november 1778 in Ureterp.
Overleden 9 september 1807 te Langezwaag.

Zijn dochter (no. 59) heet later Annema, de naam die haar broers Anne en Hinke in 1811 aannemen.

119. Froukjen (Vrouwkjen) Rinses.
Geboren op 10 juni 1756 in Ureterp.
Overleden in Ureterp op 27 juli 1811.

120. Rimmelt Piers.
Geboren op 14 februari 1724 in Ousterhaule.
Getrouwd in 1750
Overleden in Langweer (Koeverderhuis) tussen 1796 en 1811.

Hij komt niet voor in het register van naamsaannemingen 1811 (zijn zoon wel) en is dus waarschijnlijk vóór 1811 overleden. In het quotisatiekohier komt hij voor als Remmert Piers, Ouwsterhaule, "vrijgesel, boerearbeyder". Hij was in 1765 diaken te Idskenhuizen, en in ieder geval lidmaat aldaar van 1763 - 1772.

121. Trijntje Pieters.
Geboren op 12 februari 1729 in Tjerkgaast.

122. Johannes Scheltes.
Gedoopt 26 mei 1748 te Drachten
Getrouwd 3 april 1771 in Ureterp.
Overleden vóór 1811.

Hij was van beroep smid.

123. Sjoukjen Geerts Eisma.
Gedoopt 4 december 1739 in Ureterp.
Overleden in Lemsterland op 14 september 1818

In haar overlijdensakte wordt zij Sjoukje Eisma genoemd, weduwe van Johannes Scheltes Vellinga en geboren te Ureterp.

124. Eeltje Lieuwes Bootsma.
Gedoopt op 6 maart 1740 in Oppenhuizen.
Getrouwd 4 april 1762 te Oppenhuizen.
Overleden in Oppenhuizen op 8 juni 1813.

Hij was boer. Op 4 april 1762, dus zijn trouwdag, deed hij tezamen met zijn echtgenote belijdenis in de kerk van Oppenhuizen/Uitwellingerga. Op de lijst van patriotten (de toenmalige republikeinse, anti-Oranjegezinde en pro-franse politieke groepering) in Wijmbritseradeel omstreeks 1795 komt voor Eeltje Lieuwes

Bootsma te IJsbrechtum. Hij nam op 31-12-1811, nog steeds woonachtig te Oppenhuizen, voor zich en zijn zeven in leven zijnde kinderen de familienaam Bootsma aan. Blijkbaar voerde hij deze naam ook al vóór 1811.

125. Meinke (Minke) Jans.
Gedoopt op 16 juni 1737 in Oppenhuizen.

126. Gerryt Pytters.
Gedoopt op 19 oktober 1727 in Oppenhuizen.
Getrouwd 15 juli 1764 te Oppenhuizen
Overleden vóór 5 maart 1810..

127. Trijntje Jans.
Geboren 1733.
Overleden 16 december 1809 te Oppenhuizen.

11. Zeven Generaties terug.
(nummers 128 – 255)

De personen uit deze generatie werden geboren in de periode die zich ruwweg uitstrekt van 1670 tot 1740. De laatste van deze generatie overleed in 1827. Niet alle personen konden worden getraceerd: van vier vrouwen uit de vorige generatie konden de ouders niet worden gevonden, zodat in deze generatie van de 128 personen er acht ontbreken. Van de wel gevonden personen zijn in de meeste gevallen de geboorte- en overlijdensdata niet bekend.

Bij de beroepen van de mannelijke voorouders uit deze en verdere generaties komen we verschillende malen het beroep veenbaas of vervener tegen. Dit verwijst naar de economische activiteit van veenafgraverij die vanaf ongeveer de tweede helft van de zestiende eeuw gedurende enkele eeuwen een belangrijke inkomstenbron in Friesland was, met name in het oostelijk gedeelte. Veen ontstaat in een proces van eeuwen door het afsterven van vegetatie die blijft liggen, waarop vervolgens weer nieuwe vegetatie ontstaat, die ook weer afsterft. Men onderscheidt hoogveen en laagveen. Het eerste ligt boven het grondwaterpeil, en wordt dus afgegraven. Het tweede ligt beneden het grondwaterpeil, en moet dus gebaggerd worden, Al spoedig werd ontdekt dat gedroogd veen (turf) een goede energiebron was. In de vroege middeleeuwen werd in Friesland turf al als brandstof gebruikt. Maar de exploitatie op grote schaal begon pas in de zestiende eeuw, toen de vraag toenam, niet alleen in Friesland, maar ook in Holland. Daarmee werd turf voor Friesland een exportproduct. Het ging zelfs naar Antwerpen (zie bijv. bij no. 84). De exploitatie vereiste nogal wat investeringen. Er moesten kanalen tot diep in het veengebied gegraven worden, in de eerste plaats voor de afwatering van het gebied, en verder voor de afvoer van de turf, en de aanvoer van mest en kalk om de ontveende grond geschikt te maken voor landbouw en veeteelt. Vanaf de hoofdwaterwegen werden weer smallere zijvaarten gegraven, en haaks daarop weer nog smallere zogenaamde wijken. Een goed voorbeeld is het gebied ten oosten van Drachten (zie bij nr. 3104). Het kapitaal voor de investeringen kwam veelal van buiten Friesland. De investeerders vormden dan een zogenaamde "compagnie". Vandaar de namen Schoterlandse, Opsterlandse en Drachtster Compagnonsvaart. Aan het begin van de hoofdwaterwegen vormden zich nederzettingen waar de neringdoenden die aan de veenderij hun broodwinning ontleenden zich vestigden, zoals scheepsbouw, kalkovens, en uiteraard ook de veenbazen en de veenarbeiders. Dit verklaart het ontstaan van grote dorpen als Heerenveen, Gorredijk, Drachten en Surhuisterveen. De dorpen Akkrum en Oldeboorn, gelegen aan het begin van de Opsterlandse Compagnonsvaart, werden centra van scheepsbouw, evenals trouwens Drachten. Het oosten van Friesland maakte als gevolg van de veenderij een opmerkelijke bevolkingsgroei door. Het meer westelijk gelegen laagveen werd pas na omstreeks 1750 afgegraven (beter: uitgebaggerd). Hierdoor ontstonden grote watervlakten, die door stormen vaak nog werden vergroot. De veenderij heeft dus voor een groot deel het aanzien van Friesland bepaald

128. Nanne Freercks.
Geboren in Baard, gedoopt 30 november 1673 in Huins.
Getrouwd 9 oktober 1707 in Baard (tweede huwelijk).
Overleden na 1749.

Zijn beroep was "meester kleermaker", evenals zijn vader. Hij trouwde eerder, namelijk op 3 november 1695 te Jorwerd, met Dieuwke Heerdts, die in 1705 of 1706 in Baard overleed. Aanvankelijk woonde hij in Jorwerd, later in Baard. In de gegevens over de volkstelling in 1714 in de gemeente Baarderadeel komt onder Baard het gezin van Nanne Freerks voor, bestaande uit 6 personen, waarvan 3 boven 7 jaar en 3 onder 7 jaar. Hij wordt vermeld onder de categorie "armen". In de volkstelling van 1744 komt hij eveneens voor onder Baard, met een gezin van 2 volwassen personen. Hij staat dan vermeld onder de categorie "gealimenteerden". In de quotisatiekohieren 1749 komt onder Baard Nanne Freerks voor met de welstandskwalificatie "wordt gealimenteerd". Hij kreeg daarom geen aanslag. Het gezin bestond ook toen uit twee personen. De reden waarom hij gedurende de hele tweede helft van zijn leven niet in staat was volledig in het onderhoud van hem en zijn gezin te voorzien kan wel vermoed worden: hij had blijkaar een ernstig drankprobleem.

In de archieven van het Hof van Friesland vinden wij een veroordeling van hem wegens wangedrag. Het verhaal is als volgt: Op 18 september 1729 gaat Nanne Freerx, kleermaker te Baard, in de namiddag naar de kerk van Jorwerd. In beschonken toestand gaat hij de kerk in terwijl getuige Antje Aukes hem probeert tegen te houden. Freerx verklaart dat hij het tot het eerste zingen nog stil gehouden heeft. Maar getuigen vertellen dat hij onder de dienst binnensmonds zat te babbelen en onder het gebed nogal luidruchtig werd. Hij maakte zodanige geluiden dat de predikant verplicht was op te houden en te vragen of er iemand was die hem buiten de kerk wilde brengen. Twee diakens, Gerrit Jans en Jetse Pyter Watses, sleepten hem daarop tegen zijn wil de kerk uit. Door de zuiddeur van de kerk werd Freerx er door de diakens uitgezet, en deze deur werd met een grendel gesloten. Daarop maakte hij weer veel rumoer. Freerx liet het er niet bij zitten en kwam door een andere deur weer binnen en maakte gelijk weer rumoer. Voor de tweede maal verzocht de predikant om Freerx uit de kerk te brengen en buiten te houden. Dit had als gevolg dat één diaken tijdens de verdere eredienst ook buiten moest blijven om er voor te zorgen dat Freerx niet nog een keer de dienst zou verstoren.

Voor zijn wangedrag komt Nanne Freerx op 29 september1729 voor het gerecht van Baarderadeel. In een brief in het dossier wordt vermeld dat Nanne Freerx dagelijks sterke drank gebruikt. Gerrit Jans, schipper te Jorwerd en diaken, verklaart dat Freerx eerst van de stoel afviel, daarna veel rumoer maakte en tenslotte tweemaal de kerk werd uitgezet. Hij was vrij beschonken. In de aanklacht wordt Freerx beschuldigd van gepleegde baldadigheden in en aan de kerk van Jorwerd. In de bekentenis die Nanne Freerx aflegt zegt hij volkomen dronken te zijn geweest, niet wetende wat hij heeft bedreven in of buiten de kerk. De straf die Freerx krijgt is één jaar landschapstucht en werkhuis. Met de waarschuwing dat als het weer gebeurt hij nogmaals een jaar dezelfde straf krijgt. (*)

Overigens was "leven van de bedeling" in die tijd helemaal niet ongebruikelijk. In 1714 was dat het geval bij 10% van de Friese plattelandsbevolking, in 1744 bij 7% en in 1749 bij 6% (In de steden waren de percentages nog belangrijk hoger). In de meeste gevallen werd men onderhouden door de diaconie. Men moest dan wel tenminste een jaar tot de betreffende gemeente hebben behoord. De diaconie kreeg haar inkomsten uit collecten en schenkingen. Had men geen binding met een bepaald dorp, zoals soldatenweduwen, mensen zonder vaste woon- of verblijfplaats, vluchtelingen, vondelingen, buitenkerkelijken, dan was men voor hulp aangewezen op de kerkvoogdij, die de onderstand bekostigde uit de opbrengst van de kerkelijke bezittingen, en uit het zogenaamde "oortjesgeld": de belastingpachters waren verplicht voor elke gulden van de door hen betaalde pachtsom een oortje (= anderhalve cent) af te staan voor de armenzorg.

129. Bauk Anes.
Overleden na 1749.

In het doopboek van Oosterlittens komt voor als dopeling "Sjoerd, zoon van Bauk Aanis, geboren in onecht". Mogelijk een zoon van deze Bauk Anes. Verdere gegevens over haar herkomst zijn niet gevonden. Mogelijk was Trijntje Anes, die de grootmoeder was van Eise Jeltes Eisinga, de bouwer (1774-1778) van het beroemde planetarium in Franeker, een zuster van deze Bauk Anes.

132. Klaas Ages.
Getrouwd te Heerenveen op 10 maart 1743.
Overleden na 1761.

Bij zijn huwelijk staat vermeld dat hij afkomstig was uit Huizum. Hij komt voor in het quotisatiekohier Leeuwarderadeel onder Hempens als koemelker en een gezin van 2 volwassenen en 1 kind. In 1761 is hij boer te Lekkum en wordt hij curator over de kinderen van Romke Heins, in leven eveneens boer te Lekkum en overleden vóór 1761.

133. Jantjen Wybes.

Zij was afkomstig uit Heerenveen en vertrok na haar huwelijk met attestatie naar Huizum.

134. Harmen Douwes.
Getrouwd 12 mei 1737 in Hardegarijp.

Zijn beroepen waren arbeider, veenbaas en schipper te Hardegarijp en later in Rijperkerk. Hij was afkomstig uit Tietjerk. Hij komt voor in het quotisatiekohier Tietjerksteradeel onder Hardegarijp als "*arbeyder die ternauwernood de cost kan winnen*" en een gezin van 2 volwassenen en 4 kinderen beneden 12 jaar. In 1781 is hij insolvent. In 1785 vertrekt hij naar Rijperkerk. Vanaf 1786 wordt hij gealimenteerd. (*)

135. Sjoukjen Oeblis.
Overleden in 1782.

Zij was afkomstig uit Hardegarijp.

136. Harmen Hendrix.
Getrouwd op 29 december 1728 in Hindeloopen.
Overleden 1773 in Hindeloopen

Hij komt voor in het quotisatiekohier Hindeloopen als "*boer, sober bestaen*" en een gezin van drie volwassenen en een kind.

137. Heije Meines.

138. Hessel Jans.
Getrouwd op 4 februari 1725 in Hindeloopen.

139. Lysbet Ypes.

140. Hendrik Pyters.
Gedoopt op 29 augustus 1706 te Heeg.
Getrouwd op 9 maart 1738 in Woudsend.

Hij komt voor in quotisatiekohier als *"arme boer"* in Ypecolsga, met een gezin van twee volwassenen en 2 kinderen.

141. Richtje Jetses.
Gedoopt op 14 januari 1714 te Hommerts.
Overleden vóór 2 december 1742.

Zij kwam uit Woudsend.

142. Gerrit Geerts.
Getrouwd op 3 oktober 1734 te Woudsend.

Hij kwam van Indijk. Quotisatiekohier 1749: arme boer te Ypecolsga, met een gezin van 2 volwassenen en 2 kinderen.

143. Grietje Gerrits.

Zij kwam uit Ypecolsga.

144. Anske Jans.
Gedoopt 8 oktober 1724 te Goënga.
Getrouwd op 25 augustus 1743 te Heeg.

Als zijn doopdatum niet ver na zijn geboortedatum ligt trouwde hij dus op 19-jarige leeftijd met een 12 jaar oudere weduwe met kinderen. In het quotisatiekohier Wijmbritseradeel komt hij voor te Heeg als *"bequame boer"*, met een gezin van 3 personen boven 12 jaar en 2 kinderen beneden 12 jaar. De derde "volwassene" (= boven 12 jaar) is mogelijk Klaas uit het eerste huwelijk van zijn vrouw Hotske. Anske kreeg de vrij hoge aanslag van 43 car. guldens, hetgeen er op wijst dat hij tamelijk welgesteld was, wellicht mede door zijn vrouw. Het gezin woonde aanvankelijk te Heeg, vertrok in 1751 naar Offingawier, en in 1764 naar Oppenhuizen. In 1772 vestigden zij zich, komend uit Oppenhuizen, weer in Heeg, en in 1785 vertrokken zij naar Oudega.

145. Hotske Hilles.
Geboren ca. 1710

Zij kwam uit Nijhuizum en was eerder getrouwd geweest met Auke Klases, uit welk huwelijk zij 5 kinderen had.

146. Linse Hendriks.
Getrouwd op 6 augustus 1719 te Heerenveen.
Overleden vóór 9 augustus 1762.

Bij zijn huwelijk kwam hij uit Heerenwal (grietenij Haskerland). In het quotisatiekohier komt hij voor onder Nijehaske als "schipper, redelijk begoedt". Het gezin bestond toen uit drie volwassenen, waaruit wordt afgeleid dat dochter Tjitske (no. 73) toen tenminste 12 jaar was, dus geboren in of voor 1737.

147. Janke Sygers.
Overleden vóór 9 augustus 1762 te Heerenveen.

Zij was afkomstig uit Heerenveen. Na haar overlijden werd haar boedel door de erfgename(n) verworpen blijkens een aantekening in het autorisatieboek van Schoterland gedateerd 9 augustus 1762.

148. Auke Thyssen.
Geboren in 1684
Overleden in 1756 in Terhorne.

In het quotisatiekohier 1749 wordt hij genoemd als Auke Tiessen te Terhorne.

149. Tietje Ruurds.

Auke Thyssen en Tietje Ruurds zijn ook de stamouders van de bekende IJlster familie Nooitgedagt, de schaatsenfabrikanten.

150. Sjoerd Ockes.
Getrouwd op 6 februari 1733 in Sneek
Overleden in 1792.

Bij zijn huwelijk kwam hij uit Sneek. Volgens het quotisatiekohier woonde hij in 1749 in Langweer en was hij "huysman, redelijk gesteld". Zijn gezin bestond toen uit vijf personen, waarvan twee beneden 12 jaar. In 1768 woont Sjoerd Okkes in

Oppenhuizen, met zijn tweede echtgenote, Akke Edgers, eerder weduwe van Jelle Bartles.

151. Martentie Martens.
Overleden vóór 1768.

Zij was afkomstig uit Ysbrechtum.

152. Hemke Popkes.
Gedoopt op 19 juni 1698 in Drachten
Overleden in 1774 te Drachten

Hij was linnenwever van beroep. Quotisatie 1749: Noorderdrachten, linnenwever, 4 volwassenen en 1 kind.

153. Saakjen Hoppes.
Overleden in 1771 te Drachten

154. Joeke Theunis'.
Gedoopt op 5 februari 1688 te Wijnjeterp
Getrouwd omstreeks 1715

In ieder geval van 1715 tot 1736 was hij met zijn vrouw ingeschreven als lidmaat te Ureterp. Zij woonden op Sparjeberd.

155. Swaantje Alberts.

156. Roel Popkes.
Gedoopt 26 juli 1691 te Boornbergum
Getrouwd 21 september 1721 te Drachten.

157. Antje Jans.

160. Feike Durks Buma.
Gedoopt op 13 oktober 1727 in Terkaple.
Getrouwd op 29 april 1753 in Hommerts.
Overleden in IJlst op 10 maart 1818 ten huize van zijn zoon Pieter.

Hij was veehouder te Hommerts. Op 14 juni 1782 verhuisde hij naar IJlst, en op 30 maart 1785 van IJlst naar Jutrijp. Hij nam in 1811 (hij was toen al 84 jaar) voor de mairie Woudsend de familienaam Buma aan en had toen drie kinderen: Maike 58, Lysbert 55 en Pieter 52, alsmede vier kleinkinderen en vier achterkleinkinderen. Waarom hij de naam Buma aannam is niet duidelijk. (Wel is bekend dat de moeder van zijn zwager Lieuwe Annes (zie 161) de naam Buma droeg, namelijk Rintske Ruurds Buma). Er zijn omtrent zijn naamsaanneming twee veronderstellingen (zie Dr. T.J.Buma "Geschiedenis van een Familie Buma", 1995), namelijk:

a. Een van de voormoeders waarvan de namen niet bekend zijn droeg de naam Buma.

b. Zijn vader Dirk Baukes, en mogelijk zelfs oudere voorouders, boerde op de zathe Bauema in Akmarijp, voorkomend op een kaart uit 1664 van Schotanus à Sterringa.

161. Ytie Pieters.
Gedoopt 1 januari 1736 in Woudsend
Overleden in Hommerts in december 1765.

Ytie (soms gespeld als Yte) was dus, aannemend dat zij kort na haar geboorte werd gedoopt, 17 jaar oud toen zij met Feike Dirks trouwde in de kerk te Hommerts. In dezelfde kerkdienst trouwde haar zuster Doettie met Lieuwe Annes Buma.

162. Sijtse Tjepkes.
Getrouwd omstreeks 1752.

In het quotisatiekohier Utingeradeel komt voor Zytse Tjepkes te Akkrum (geen beroep of stand vermeld) met een gezin van 2 volw. en 3 k. Trijntje was toen nog niet geboren, dus er moeten nog tenminste drie andere kinderen zijn uit een eerder huwelijk.

163. Riemke Arjens.

Omdat haar ouders, evenals zijzelf, vermoedelijk doopsgezind waren, konden van haar geen doop- of geboortegegevens gevonden worden. Haar jongere broer en zuster, geboren in Hallum, werden op latere leeftijd gedoopt.

164. Pyter Matijsen..
Gedoopt 26 augustus 1683 in Jutrijp.
Getrouwd op 13 februari 1723 te Hommerts.

Quotisatiekohier Wijmbritseradeel: Arm boer te Jutrijp, met een gezin van 4 volwassenen en 1 kind.

165. Keele (Corneliske) Reyns.
Gedoopt op 7 maart 1694 in IJlst.

Bij haar doop wordt zij ingeschreven met de naam Geele. In haar verdere leven heet zij echter Keele, een verkorting van Corneliske.

166. Pieter Jelles Croles.
Gedoopt op 19 maart 1719 in IJlst.
Getrouwd in IJlst op 28 mei 1747.
Overleden op 13 december 1779 in IJlst.

Hij was van beroep. timmerman, en tevens vroedsman van IJlst, en burgemeester aldaar van 1756-1761. In het quotisatiekohier wordt zijn naam gespeld als Carolus, met de kwalificatie: "timmermansknegt, wint zijn kost". Het gezin bestond toen uit twee volwassenen. Alle kinderen zijn namelijk na 1749 geboren.

167. Neeltje Hettes.
Overleden tussen 1771 en 1779.

168. Brugt Hendriks.
Getrouwd 9 april 1720 te Ureterp.

Volgens het quotisatiekohier 1749 was hij "veenbaas en arbeyder" en bestond zijn gezin toen uit twee volwassenen en één kind.

169. Antje Hanzes.

170. Sjoerd Tjeerds.
Geboren omstreeks 1695 te Schraard
Getrouwd op 24 november 1720 in Schraard.

Volgens het quotisatiekohier 1749 was hij "gering slaager" te Schraard. Volgens het doopboek van Schraard had dit gezin 11 kinderen, waaronder echter geen Grietje (= no. 85). Omdat het oudste van de vermelde kinderen pas in 1725 werd geboren, zijn er mogelijk daarvoor nog andere kinderen (elders) geboren. Dat zij de veronderstelde ouders van Grietje (no. 85) zijn, is gebaseerd op de namen van de kinderen van Grietje, namelijk Sjoerd en Wypck. Bovendien wordt ene Wybe Sjoerds in 1777 genoemd als curator over de kinderen van Grietje.

Gewoonlijk was een oom van de kinderen curator. Hij komt voor onder de 11 bovengenoemde kinderen en zal dus een oom zijn.

171. Wypkjen Clases.
Geboren omstreeks 1697 in Schraard.

Zij was afkomstig uit Schraard.

172. Ekke Ates.
Getrouwd op 19 september 1728 te Jutrijp/Hommerts.

Hij kwam bij zijn huwelijk uit Langweer. Bij de doop van het eerste kind in 1729 staat in het doopboek de aantekening: "Beloven zich tot de kerk te begeven". Volgens het quotisatiekohier van Wijmbritseradeel was hij in 1749 "arm schipper" te Hommerts met een gezin van drie volwassenen en twee kinderen.

173. Fed Siercks.
Gedoopt op 29 mei 1707 te Hommerts.

Bij haar doop was zij ruim vier weken oud, dus geboren in april 1707. Bij haar huwelijk woonde zij in Teroele (= grietenij Doniawerstal).

174. Johan Siercks Cnossen.
Geboren in 1712.
Getrouwd op 9 februari 1738 in Jutrijp/Hommerts.

In het quotisatiekohier komt Johan Sierks voor als arm boer te Jutrijp met een gezin van drie personen boven 12 en drie beneden 12 jaar.

175. Sibbeltje Annes.
Gedoopt op 3 maart 1717 te Jutrijp.

176. Berent Tjakkes.
Geboren omstreeks 1690 te Muntendam.
Getrouwd te Veendam op 8 mei 1734

Dit was zijn tweede huwelijk. Eerder was hij getrouwd met Aaltjen Meinerts, bij wie hij vijf kinderen had.

70

177. Rixte Berents.
Gedoopt 20 juni 1708 te Muntendam.

178. Derk Ailkes (*).
Geboren in Meeden
Getrouwd 3 september 1719 in Veendam
Overleden tussen 1724 en 1734

179. Wypke Reinders.
Gedoopt 29 maart 1691 in Veendam.

180. Hauk Yfts.
Gedoopt 13 december 1705 in Bolsward.
Getrouwd op 21 juni 1744 in IJlst.
Overleden vóór 6 mei 1764.

Hij komt voor in het quotisatiekohier van IJlst als *"Hauke Yeftes, mr. bakker, wint zijn kost"* en een gezin van twee volwassenen en twee kinderen. In het burgerboek van IJlst treffen we aan *"10-8-1744 Hauke Yefts, afkomstig uit Bolsward. Betaalt 6-1-0 "*. Men kon burger van een stad worden door huwelijk met een burgeres gevolgd door vestiging in die stad. Dit zal met hem het geval zijn geweest.

181. Aukjen Jacobs.
Overleden 15 januari 1806 te IJlst.

Bij haar huwelijk kwam zij uit IJlst. Zij trouwde op 6 mei 1764, blijkbaar na het overlijden van haar eerste echtgenoot, te IJlst met Sijmen Heijns. Bij haar overlijden wordt vermeld "gealimenteerd".

182. Goye Gerbens Brouwer.
Getrouwd op 12 mei 1752 in Rauwerd (tweede huwelijk).
Overleden 21 maart 1772 in Grouw.

In het quotisatiekohier komt hij voor als boer te Irnsum, met een gezin van 4 volwassenen en 1 kind.

183. Rinkjen Klazes.

184. Taeke Thomas Schuurmans.
Geboren in 1738 in Bozum.

Getrouwd op 16 mei 1762 in Bozum.
Overleden in IJlst op 16 april 1815.

Hij werd gedoopt op 30 mei 1762, tegelijk met zijn echtgenote, in de doopsgezinde kerk van Kromwal. Zijn beroep was timmerman, en tevens fungeerde hij als doopsgezind leraar. In het burgerboek van IJlst komt voor: 31-12-1766 Teeke Tomas van Oosterlittens. In het lidmatenboek van de doopsgezinde gemeente Itens/Kromwal 1774 staat: Taeke Tomas, leraar, IJlst. In 1780 wordt hij nogmaals genoemd. Blijkbaar verhuisde hij dus in 1766 naar IJlst, maar bleef hij als leraar verbonden aan de gemeente van Itens/Kromwal.
Voor de mairie te IJlst nam Taeke Thomas' de familienaam Schuurmans aan. Daarbij worden 6 kinderen, 18 kleinkinderen en 1 achterkleinkind genoemd.

185. Weltje (Welmoed) Entes.
Overleden 24 oktober 1798 in IJlst.

In het huwelijksregister staat de aantekening dat zij boerenmeid te Nieuwland was en alszodanig woonde bij Gerrit Hesseling.

186. Otte Jans.
Getrouwd op 4 december 1740 in Wolsum.

Hij woonde te Wolsum, waar hij en zijn echtgenote lid waren van de doopsgezinde gemeente van Bolsward. Op 18 januari 1760 werden zij vandaar overgeschreven naar Makkum.

187. Martjen Piers.

Zij was afkomstig van Wolsum.

188. Balthazar Willems Muurling.
Gedoopt op 30 april 1733 in Lemmer.
Getrouwd op 3 februari 1765 in Lemmer.

Het was zijn tweede huwelijk. Hij trouwde eerder met Leentje Annes, die bij de geboorte van hun eerste kind overleed. Het kind kreeg daarom de naam Leentje. Hij was in 1761 schipper op het kofschip "Jonge Wiggeel", gebouwd of verkregen in 1760, in 1766 verkocht aan Pieter Wijbrens. Het was een zeegaand schip met thuishaven Lemmer. Wat vervoerde hij, en van waar naar waar? In de periode 1761-1763 zijn er van hem 9 Sont-passages geregistreerd door de Nederlandse

vertegenwoordiger ("commissaris") in Elseneur (Helsingør). De registratie
omvatte ook de aard van de lading, de afscheephaven en de bestemmingshaven. De
volgende reizen staan vermeld:
- hennep van Riga naar Amsterdam
- rogge van Koningsbergen naar Amsterdam (2x)
- tarwe van Koningsbergen naar Amsterdam
- wijn van Croisic (Frankrijk) naar de Oostzee (haven niet genoemd)
- wijn van Bordeaux naar Koningsbergen
- haring van Kristiansand naar Kopenhagen
- in ballast van Amsterdam naar de Oostzee (2x).

In 1766 verruilde hij kennelijk zijn eerste schip voor een nieuw vaartuig, waarmee
hij tot 1770 bleef varen, want in de Leeuwarder Courant van januari 1770 komt
het volgende bericht voor: *"Gepke Radijs, Secretaris der Grietenye Lemsterland,
zal op Woensdag den 10 January1770 by de eerste Zitdag, den 24 dito by de
Finaale Palmslag, telkens om één Uur na Noen, ten Huize van de Wed. Bylsma
Hospita in de Lemmer, publieq en bij Strijkgeld verkopen: Een deftig Welbezeild
HEKTJALK-SCHUITE, in den Jaare 1766 Nieuw uitgehaalt, Lang 68, Wijd 14 en
drie vierde, Hol vier en drie vierde Voeten, zodanig 't zelve bij BalthazarMuurling
is gevoert, leggende in de Lemmer".*

189. Margjen Dirks Fortuin.
Gedoopt 8 juli 1743 in Lemmer.
Overleden voor 1811.

Blijkbaar voerde haar familie al voor 1811 de familienaam Fortuin. Een
familierelatie met de andere in deze kwartierstaat voorkomende familie Fortuin
(nos. 9, 18, 36 en 72) is niet gevonden.

190. Eelke Baukes.
Geboren 9 oktober 1721 in Langweer
Getrouwd op 16 september 1759 in Joure.
Overleden 29 juli 1808 in de gemeente Doniawerstal

Eelke was eerder getrouwd geweest met Janke Sijbes. Hij was "veerman op
Amsterdam". Zijn vader (no. 380) en grootvader (no. 762) waren ook al
veerschipper. Er bestond al vanaf de eerste helft van de zeventiende eeuw in
Friesland een uitgebreid netwerk van openbaar vervoer over het water, niet alleen
tussen de plaatsen in Friesland, maar ook tussen de belangrijkste Friese plaatsen en
Holland, met name Amsterdam en Enkhuizen. Op de bredere wateren gebeurde het

vervoer met zeilschepen, op de smallere vaarten met de trekschuit, een schip getrokken door een paard langs het jaagpad. Er waren gewoonlijk vaste afvaarttijden, zodat er sprake was van een dienstregeling, met aansluitmogelijkheden op andere veerdiensten. De steden namen gewoonlijk het initiatief voor een veerverbinding en zorgden voor de financiering en het onderhoud van de waterstaatkundige infrastructuur: kanalen, jaagpaden, aanlegplaatsen, etc. Daartegenover kregen zij het recht van tolheffing. De Staten van Friesland hadden een coördinerende taak en gaven aan de steden een vergunning voor het openen van een veerdienst. Zij probeerden ook om eenheid in de tarieven aan te brengen.

191. Geertje Pieters.
Gedoopt 1 mei 1733 in Joure
Overleden 7 februari 1806 in de gemeente Doniawerstal.

192. Douwe Tjeerds.
Geboren in 1719 in Rottevalle
Getrouwd op 15 november 1744 in Rottevalle
Overleden vóór 8 april 1768.

Hij werd op 15 oktober 1724 in Rottevalle gedoopt, met de aantekening "5 jaar oud". Volgen het quotisatiekohier 1749 was hij "arbeyder", woonde hij in Noorderdrachten en bestond zijn gezin uit 1 volwassene en 1 kind. Zijn (eerste) vrouw was toen al overleden. Hij hertrouwde in 1751 met Martsen Ynses.

193. Sjoukje Sipkes.
Overleden vóór 1749 in Noorderdrachten.

194. Jeen Molles.
Gedoopt op 6 augustus 1693 in Drachten.
Getrouwd omstreeks 1735.
Overleden tussen 1756 en 1761 in Noorderdrachten.

Hij was in 1738 boer op stem 3 te Zuiderdrachten. Quotisatie: Zuiderdrachten, boer, gezin 3 volwassenen en 2 kinderen.

195. Aafke (Aukje) Jans.
Overleden na 1761 in Noorderdrachten.

196. Albert Thomas.
Gedoopt op 29 maart 1722 in Akkrum.
Getrouwd op 10 september 1741 in Oldeboorn.
Overleden in 1783 in Oldeboorn.

Hij was scheepstimmerman. Quotisatiekohier 1749: Oldeboorn, 2 volwassenen en
2 kinderen, geen vermelding van beroep

197. Antje Folkerts.
Gedoopt op 2 november 1721 in Boornbergum.
Overleden in Oldeboorn in december 1797.

198. Ysbrand Thomas.
Getrouwd op 3 augustus 1755 in Heerenveen.
Overleden vóór 1813.

Hij was kofschipper.

199. Jeltje Klases.
Gedoopt op 16 oktober 1735 in Oldeboorn.
Overleden in Oldeboorn op 9 december 1813.

200. Sipke Paulus'.
Gedoopt 20 maart 1701 in Bolsward
Getrouwd op 4 juli 1745 in Bolsward (2^e huwelijk).

In het quotisatiekohier Bolsward 1749 komt voor "Sipke Pouwlus, koperslager,
sober bestaan". Het gezin bestond uit 3 personen boven 12 jaar, en de aanslag
bedroeg 17-6-0. Hieruit valt af te leiden dat zijn kapitaal geschat werd op 100
caroli guldens. Het beroep van koperslager had hij kennelijk overgenomen van zijn
vader, die het weer van zijn vader had overgenomen.

201. Antje Cornelis' Ficken.
Gedoopt op 22 juli 1714 in Bolsward.

202. Jan Jansen.

Quotisatie 1749: Kuiper, bestaat sober, Bolsward. Gezin bestaande uit 2
volwassenen en 3 kinderen.

203. Antie Hommes.

204. Christian Konrad Helbig.

Hij was afkomstig uit Duitsland.

205. Maria Rosina Molenaar.

Deze naam komt voor in de overlijdensakte van zoon Martijn.

206. Jan Hendriks Brinksma.
Gedoopt op 17 september 1724 in Nijehaske.
Getrouwd op 16 januari 1746 in Nijehaske.

In het doopboek van Nijehaske staat hij als Jan Brinxma. In het quotisatiekohier 1749 komt voor Jan Hendriks te Joure met de kwalificatie "mr. Cuiper, kan kost winnen", en een gezin van 2 volwassenen en 3 kinderen.

207. Grietje Michiels.
Geboren omstreeks 1725 in Nijehaske.

208. Tymen Sjoukes.
Geboren omstreeks 1687 in Aegum.
Getrouwd op 24 november 1714 in Idaard.
Overleden 3 februari 1748 in Idaard.

Hij werd op belijdenis gedoopt op 14 december 1714 in Idaard, dus kort na zijn huwelijk. Hij was boer op stem 2, de kerkeplaats, te Idaard. In de kerk te Idaard ligt een grafzerk met het opschrift *"Anno 1748 den 3 februarius is in den heere gerust de eersame Tyemen Sjoukes ontrint 62st jaar en leidt alhier begraven"* (*).

209. Antje Jochums.
Geboren juni 1689 te Idaard.
Overleden 17 april 1741 te Idaard.

Op dezelfde grafzerk in de kerk te Idaard staat boven de inscriptie van haar man het opschrift *"Anno 1741 den 17 april is in den heere gerust Antie Jogchems de huisvrou van Tiemen Sjouckes out 51 jaar en 42 weeken en leit alhier begraven"*.

76

210. Bouwe Geerts.
Geboren omstreeks 1694.
Getrouwd omstreeks 1720.
Overleden in Sijbrandaburen op 25 maart 1729.

Blijkens een boedelscheiding voor het Gerecht Rauwerderhem dd. 20 mei 1706 was hij toen de jongste van drie minderjarige broers, namelijk Lykle Geerts, dan in het 18ᵉ jaar, Jetse Geerts, in het 16ᵉ jaar, en Bouwe Geerts, in het 13ᵉ jaar. In een latere akte van 6 oktober 1706 worden twee oudere broers Willem en Albert Geerts genoemd als hun curator. Als hun vader wordt daarbij genoemd Geert Alberts.

211. Klaaske Jentjes (*).
Gedoopt op 18 januari 1691 te Sneek.
Overleden na 1751.

Zij werd in de Martinikerk te Sneek gedoopt. In 1744 woont zij alleen te Sybrandaburen. Quotisatie 1749: "gemeen in staat"; het gezin bestaat dan uit één volwassene. Zij vertrekt daarna naar Deersum. In 1751 betrekt zij de woning van schoonzoon Oept Pieters te Sybrandaburen, die dan zelf naar Gauw verhuist. Zie aantekening bij dochter Elbregtje (no. 105).

212. Jan Wessels.
Getrouwd op 15 augustus 1717 te Garijp.

Volgens het quotisatiekohier Tietjerksteradeel is er in 1749 ene Jan Wessels, welgesteld boer te Driesum. Het is niet zeker of dit dezelfde persoon is.

213. Trijntje Jans.

216. Jochum Klases.
Gedoopt op 12 juli 1674 in Tietjerk.
Getrouwd vóór 1698.
Overleden na 1741 en vóór 1749.

Hij was in 1728 boer op stem 16 te Tietjerk.

217. Stijntje Jelles.
Gedoopt op 23 april 1676 in Tietjerk
Overleden omstreeks 1751.

In het quotisatiekohier 1749 wordt zij vermeld als "Wed. Jochum Klases, Tietjerk, oud en arm", en een gezin bestaande uit 1 persoon.

218. Gabe Michiels.
Gedoopt op 4 oktober 1696 in Wijns.
Getrouwd op 20 maart 1729 in Wijns.
Overleden na 1736

Bij de doop van zijn eerste kind in Britsum wordt in het doopboek vermeld dat hij toen schipper was.

219. Yttje Jans.
Geboren in Wijns.

220. Pieter Jochums.
Geboren 1710
Getrouwd op 1 mei 1735 in Hardegarijp.
Overleden 1784/1785 in Hardegarijp.

Hij was veenbaas, koopman, kastelein, huisman en schipper, en afkomstig uit Tietjerk. Quotisatie 1749: Hardegarijp, Pytter Jochums, veenbaas, bestaat wel, gezin 3 volwassenen en 4 kinderen.

221. Tryntje Douwes.
Geboren omstreeks 1714 in Hardegarijp.
Overleden 1788/1789 in Hardegarijp.

Zij werd op 26 mei 1741 in Hardegarijp op belijdenis gedoopt.

222. Hendrik Jacobs.
Geboren omstreeks 1715 in Veenwouden.
Getrouwd op 18 februari 1742 in Hardegarijp.
Overleden na 1785.

Quotisatie 1749: Veenbaas, Veenwouden, gezin van 2 volwassenen en 1 kind.

223. Maaike Hommes.
Geboren in Hardegarijp.
Overleden vóór 1765.

224. Geert Jans.
Gedoopt 5 maart 1694 te Heeg.
Getrouwd in 1730

Zijn beroep was visser. Hij komt voor in het quotisatiekohier 1749 van Wijmbritseradeel onder Gaastmeer, met als kwalificatie *"arme visscher"*, en een gezin bestaande uit 5 personen boven 12 jaar en 3 kinderen onder 12 jaar.

225. Tyttie Piers.
Geboren omstreeks 1705 in Elahuizen.

228. Onbekende vader.

Mogelijk heette hij Jacob, omdat zijn "onechte" zoon Jacob Jacobs wordt genoemd (zie bij no. 229).

229. Geyske Aukes.
Gedoopt 1 mei 1703 in Joure.

Op 4-4-1738 wordt te Joure gedoopt Jacob, zoon van Geys Aukes, met de aantekening in het doopboek: "onecht, geruyme tijt out" (zie no. 114). Of deze "geruime tijd" bestaat uit weken, maanden of jaren is niet bekend, zodat ook de geboortedatum van Jacob niet kan worden vastgesteld. Ruim een jaar eerder was Geyske getrouwd met Jacob Reynskes. Mogelijk dat de onechte zoon Jacob, die dus vóór dat huwelijk geboren moet zijn, daarom het patroniem Jacobs kreeg. Jacob Reynskes zou de biologische vader geweest kunnen zijn.

230. Berend Hermens.
Gedoopt 8 oktober 1694 in Warns
Overleden 4 november 1747 in Doniawerstal.

Hoewel zijn vader rooms katholiek was werd hij in de Hervormde kerk gedoopt, vermoedelijk omdat zijn moeder protestant was. Kennelijk werd hij later rooms-katholiek, omdat zijn eigen kinderen (o.a. no. 115) rooms-katholiek gedoopt werden.

231. Styne Wilms.

Na het overlijden van haar echtgenoot bleef zij als arme weduwe achter met vier jonge kinderen. In het quotisatiekohier 1749 komt zij voor als Stijn Beernt

Harmens weduwe te Idskenhuizen met de aantekening "wordt onderhouden".

232. Syger Wybes.
Getrouwd oktober 1709 te Wijnjeterp.

233. Feddu Jans.

234. Anne Everts.
Gedoopt in augustus 1713 in Wijnjeterp.
Getrouwd 2 februari 1737 in Ureterp.

Quotisatie 1749: Arbeyder, Ureterp. Gezin 2 volwassenen en 2 kinderen.

235. Sijtske Hendriks.

Zij kwam van Duurswoude.

236. Anne Hendriks.
Getrouwd op 10 mei 1750 te Wijnjeterp.

Bij zijn huwelijk kwam hij uit Elsloo, grietenij Ooststellingwerf.

237. Frouk Wessels.
Gedoopt 18 april 1728 in Boornbergum.

Bij haar huwelijk was zij afkomstig uit Duurswoude.

238. Rinse Johannes.

Volgens het quotisatiekohier 1749 was hij koffeman te Ureterp (= varensgezel op een kofschip). Verdere gegevens van hem (doop, huwelijk) zijn niet gevonden.

239. Janneke Jans.

Haar naam wordt genoemd in de overlijdensakte van een zuster van dochter Froukje (no. 119). Omdat tenminste drie van haar kinderen een dochter Janneke (of Janke) hadden, zal haar voornaam in ieder geval juist zijn. De website van de Mormonen geeft als haar naam Janneke Johannes, maar voor het patroniem Johannes konden geen aanwijzingen worden gevonden. Haar herkomst is, evenals die van haar man Rinse Johannes', nog onduidelijk.   .

240. Pier Ynses.
Geboren omstreeks 1680.
Getrouwd op 3 februari 1709 in Ouwsterhaule.
Overleden na 29 februari 1744.

Hij was boer op stem 21/22 te Sint Nicolaasga.

241. Japikjen (Jacobje) Poppes.
Geboren omstreeks 1690 in Rotstergaast.
Overleden vóór 1759 in Sint Nicolaasga.

Zij kwam van Ouwsterhaule.

242. Pieter Bontjes.
Getrouwd in 1729 in Tjerkgaast.
Overleden kort voor 12 juni 1731

In 1728 en bij zijn overlijden was hij eigenaar en gebruiker van stem 20 "met huysinge, schuire cum annexis" te Tjerkgaast.

243. Minke Folkerts.

244. Schelte Jacobus.
Gedoopt 3 maart 1689 te Drachten
Overleden vóór 1773.

Het quotisatiekohier 1749 geeft hem de kwalificatie "sober". Het speciekohier van Smallingerland vermeldt in 1770 als beroep wagenmaker en geeft aan dat hij in het jaar 1773 reeds was overleden.

245. Sijke Willems.
Overleden na 1786.

Het speciekohier van Smallingerland vermeldt dat zij in 1781 wordt gealimenteerd, en in 1786 "in 't armhuys geplaatst" is.

246. Geert Eyts.
Geboren 18 april 1705 in Wijnjeterp.
Getrouwd 19 december 1732 in Ureterp.
Overleden 12 mei 1785 in Ureterp.

81

Hij woonde te Ureterp aan de Vaart. In het kasboek van de diaconie van Ureterp staat op 12 mei 1785 een uitgave van 14 carolusguldens voor twee doodkisten, waarvan één voor Geert Eyts.

247. Janke Geerts.
Geboren omstreeks 1710.

Het echtpaar Geert Eyts en Janke Geerts wordt als getuige gehoord in een proces voor het Hof van Friesland in 1783 tussen de dorpen Drachten en Ureterp over de betaling van een alimentatie aan iemand waar zij een tijdlang naast zouden hebben gewoond. Daarin wordt vermeld dat hij toen 78 jaar was en zij 73 jaar.

248. Lieuwe Pyters.
Geboren omstreeks 1690.
Getrouwd op 24 februari 1726 in Oppenhuizen (tweede huwelijk).
Overleden vóór 30 mei 1759.

Hij was boer en gebruiker van plaats no. 9 te Oppenhuizen, eigendom van het Old Burger Weeshuis te Sneek. Vanaf omstreeks 1730 was hij tevens schoolmeester. Bij de volkstelling 1744 telde het gezin te Oppenhuizen zeven personen. In het quotisatiekohier 1749 staat hij vermeld als "gemeen boer", met een gezin van vier volwassenen (= boven 12 jaar) en twee kinderen. Lieuwe Pyters was eerder getrouwd geweest met Ockjen Wates, die kort na de geboorte van hun eerste kind, Pyter Lieuwes, overleed. Een zoon van deze Pyter Lieuwes, Rients Pyters, nam in 1811 de familienaam Koopmans aan, en hij was de betovergrootvader van de latere bekende econoom en Nobelprijswinnaar Tjalling Charles Koopmans, hoogleraar economie aan de Yale University in de Verenigde Staten van Amerika. Een andere afstammeling van deze Pyter Lieuwes is Albert Jorrit Wiersma, de echtgenoot van kwartierdraagster 1c. Zij hebben daarmee dus een gemeenschappelijke voorvader in de persoon van Lieuwe Pyters.

249. Tjitske Wybes.
Geboren omstreeks 1700.
Overleden na juni 1741.

Zij werd op belijdenis gedoopt op 30 januari 1728 in de kerk van Oppenhuizen/Uitwellingerga.

250. Jan Sytses.
Getrouwd 4 juni 1736 in Oppenhuizen.

Op 23 oktober 1740 wordt hij met zijn vrouw ingeschreven als lidmaat te Hommerts, dan komende van Openhuizen. Quotisatie 1749: sobere boer te Hommerts, gezin: 2 volwassenen en 1 kind.

251. Rints Abes.
Geboren in 1711.
Overleden tussen 1740 en 1746

Uit een aantekening in het register van koopbrieven van Wijmbritseradeel gedateerd 17 mei 1746 blijkt dat Jan Sytses, huisman te Hommerts, dan nog in leven is, en Rints Abes, moeder van Minke Jans (= no. 125), is overleden.

252. Pytter Pytters.
Geboren in 1694/1695.
Getrouwd 21 januari 1725 in Oppenhuizen/Uitwellingerga.
. *Overleden vóór 1744.*

Op 10 maart 1716 werd Jentie Sipkes uit Uitwellingerga als curator aangesteld over het toen 21-jarige weeskind Pyter Pyters.

253. Tietdske Gerryts.
Gedoopt op 1 januari 1702 in Oppenhuizen.
Overleden na 1749.

Bij de volkstelling van 1744 werd Pyter Pyters' weduwe te Oppenhuizen "insolvent" bevonden, en telde haar gezin nog vier personen. In het quotisatiekohier 1749 komt zij onder Oppenhuizen voor met de kwalificatie "onderhouden" en zijn er nog twee kinderen beneden 12 jaar.

254. Jan Joukes.
Getrouwd op 13 februari 1724 in Oppenhuizen.
Overleden vóór 1746.

Bij zijn gedoopte zes kinderen wordt geen Trijntje genoemd. Dat Trijntje Jans (no. 127) toch een dochter van Jan Joukes is blijkt uit een akte van het nedergerecht van Wijmbritseradeel gedateerd 3 juni 1746, waarbij na zijn overlijden twee curatoren over zijn kinderen worden benoemd. Hierbij wordt Trijntje wel genoemd als één van de dan nog levende vier kinderen. De akte vermeldt tevens dat de kinderen erfgenaam zijn van hun grootvader Ysbrand Johans (no. 510).

83

255. Grietje Ysbrands.
Gedoopt op 9 september 1703 in Oppenhuizen.

12. Acht Generaties terug.
(nummers 256 – 511)

Deze generatie werd geboren in ruwweg de eerste helft van de zeventiende eeuw. Dat is grotendeels de periode voordat, zo rond 1650, in Friesland de kerkelijke registratie van dopen en huwelijken begon. Het behoeft dus geen verwondering te wekken dat slechts een deel van de voorouders uit deze generatie kon worden getraceerd. Van de 256 personen konden er totnogtoe ruim 60 % bij name gevonden worden (zij het enkele met een vraagteken), soms omdat zij na plm. 1650 nog kinderen lieten dopen, en verder aan de hand van gegevens uit andere bronnen (gerechtelijke stukken, floreen- en stemkohieren, etc.). Toch nog een respectabel aantal.

In deze en ook in verdere (vroegere) generaties komen we regelmatig voorvaders tegen die een publiek ambt bekleedden, zoals dorprechter, vroedsman, bijzitter, burgemeester, schepen, gevolmachtigde (of volmacht). Wat hielden deze ambten precies in?

Sinds de afzwering van de Spaanse koning Philips II als landsheer in 1581 had Friesland geen soevereine machthebber meer. Het moest zichzelf besturen. Voortbouwend op tradities uit het verleden kwamen er twee bestuurslagen: De Staten van Friesland en daaronder de grietenijen en de steden. Er waren dertig grietenijen en elf steden. De leden van de Staten waren afgevaardigden of "volmachten" van de grietenijen en de steden, uit elk twee, dus totaal 82 volmachten. De vergadering van de Staten werd "landdag" genoemd, en vond eens per jaar plaats. De volmachten werden voor elke landdag opnieuw gekozen.

In de grietenijen werden de volmachten gekozen door de eigenaren van boerderijen en huizen. In totaal waren er verspreid over geheel Friesland zo'n 10.000 stemhebbende eigenaren (de totale bevolking van Friesland bedroeg toen ongeveer 150.000 personen). Vanaf 1640 werden deze eigenaren geregistreerd in de zogenaamde stemkohieren en genummerd. Vandaar dat een boerderij vaak werd aangeduid met een stemnummer. Als een boerderij werd verkocht, werd het stemrecht mee verkocht. De dorpen kozen bij meerderheid van stemmen, en vervolgens kozen de grietenijen bij meerderheid van dorpen. De stemgerechtigden uit dorpen met een gering aantal stemmen hadden dus relatief een grotere invloed dan stemgerechtigden uit dorpen met veel stemmen. Het systeem leidde al spoedig tot misstanden. Rijke lieden kochten zoveel mogelijk stemdragende boerderijen op, en dan bij voorkeur uit de kleine dorpen. Dit leidde tot machtsconcentratie bij een gering aantal rijke families.

Een grietenij werd bestuurd door een grietman, die voor het leven benoemd werd door de stadhouder uit een voordracht van drie kandidaten, gekozen door de bezitters van stemhebbende boerderijen. De grietman had niet alleen een bestuurlijke maar ook een rechterlijke taak. De grietenijrechtbank werd het Nedergerecht genoemd. De grietman werd bijgestaan door een secretaris en door een aantal door hem benoemde functionarissen uit de dorpen die "bijzitters" of mederechters werden genoemd. Voor het handhaven van de rechtsorde op dorpsniveau hadden alle dorpen een "dorprechter", eveneens benoemd door de grietman. Als dorpelingen zich misdroegen kon de dorprechter hen opsluiten in het "hondegat", en eventueel de zaak zelf afhandelen. Ernstige gevallen werden overgedragen aan de grietman, en heel ernstige gevallen werden door de grietman verwezen naar het Hof van Friesland in Leeuwarden. Als het Nedergerecht een boete oplegde (alleen de rijkeren, arme lieden werden gegeseld, gebrandmerkt of te kijk gesteld) ging een deel van de boete in de grietenijkas en een ander deel vulde het inkomen van de grietman aan. Geen wonder dat het ambt van grietman aantrekkelijk was en vaak werd verkregen met behulp van het kopen van stemhebbende boerderijen. Bovendien mocht een grietman ook als volmacht worden verkozen (hetgeen gewoonlijk ook gebeurde), waardoor hij via de Staten ook inspraak kreeg in de verdeling van de ambten.

In de steden bestond het bestuur uit de vroedschap en de magistraat, waarvan de leden werden gekozen door de stemhebbende eigenaren in de steden. Leden van de vroedschap werden "vroedsman" genoemd. De magistraat was als het ware het dagelijks bestuur van de stad en bestond uit enkele jaarlijks wisselende leden van de vroedschap. Ook de magistraat had zowel een algemeen bestuurlijke als een rechtsprekende taak. De magistraat bestond uit een aantal burgemeesters (8 in Harlingen en Dokkum, 6 in Bolsward en Franeker, 5 in IJlst en Hindeloopen, 4 in Leeuwarden, Sneek, Stavoren, Sloten en Workum). Leeuwarden en Sneek hadden daarnaast nog schepenen en bouwmeesters als leden van de magistraat, en Bolsward, Harlingen en Sloten "raadsleden". Het aantal leden van de vroedschappen varieerde van 7 tot 40.

256. Freerk Jacobs.
Getrouwd 12 september 1669 in Baard (derde huwelijk).
Overleden omstreeks 1680.

Zijn beroep was "meester snijder" (= kleermaker). Later wordt hij ook lakenkoper genoemd. Hij was eerder getrouwd geweest met Ryme Mincks, uit welk huwelijk hij zeven kinderen had, en met Rint Clazes. Uit zijn tweede huwelijk had hij geen kinderen en uit zijn derde huwelijk vier. Freerk Jacobs woonde in Baard. Het huis waar hij, in ieder geval in 1655 en 1657, in woonde stond op de plaats waar de huidige weg van Oosterlittens uitkomt op de door Baard lopende weg van Winsum naar Jorwerd, en wel in de noordwestelijke hoek. De buurt heette Geleburen.

257. Mayke Jacobs.
Overleden na 1701.

Zij kwam van Slappeterp, en was eerder gehuwd geweest met Nanne Maurits'. Zij wordt dan Marij Jacobsdr. genoemd (Marij = Maryke = Mayke). Bij haar huwelijk met Freerk Jacobs kwam zij uit Achlum. Het tweede kind uit het huwelijk met Freerk Jacobs wordt Nanne genoemd (= no. 128) kennelijk naar haar overleden eerste echtgenoot . In een akte voor een boedeltaxatie van 11 april 1701 wordt zij vermeld als *"Mayke Jacobs weduwe Freerk Jacobs, Laekencoperse tot Baardt".* Mogelijk heeft zij de lakenhandel van haar overleden echtgenoot voortgezet.

258. Ane Aedes (?).

Deze persoon werd nergens aangetroffen. Zijn naam is een veronderstelling, gebaseerd op het patroniem van Bauk Anes (no. 129), de naam Aede van één van haar broers en de naam Ede van drie van haar kleinkinderen.

268. Douwe Yskes.
Getrouwd op 23 januari 1692 te Hardegarijp.

Hij was boer in Hardegarijp.

269. Antje Gosses.

Zij kwam uit Bergum.

276. Jan Sijbolds.
Getrouwd op 3 maart 1655 te Hindeloopen.

Hij was bij zijn huwelijk afkomstig uit Koudum. Aantekening in het huwelijksregister: "Zij is weduwe. Worden reeds echtelieden genoemd". Waarschijnlijk wordt bedoeld dat zij reeds samenwoonden.

277. His Hendrix.

Zij kwam van Hindeloopen.

278. Ippe Hessels.
Getrouwd 5 januari 1674 te Hindeloopen.

Hij was afkomstig uit Makkum.

279. Trijntje Lolkes.

Zij kwam uit Hindeloopen.

280. Pyter Hendricks.
Getrouwd op 4 mei 1704 te Heeg.

281. Beyts Ulbes.
Gedoopt 18 september 1681 te Joure.

Zij was bij haar huwelijk afkomstig uit Oosthem.

282. Jetse Sickes
Getrouwd te Hommerts op 1 november 1711.
Overleden vóór 1729

Hij was eerder getrouwd geweest met Richtje Murks en met Marij Ates.

283. Tjal (Tjaltje) Jans.
Gedoopt op 25 december 1680 te Heeg.
Overleden na 1749.

In het quotisatiekohier 1749 staat zij vermeld als arme weduwe te Hommerts.

288. Jan Gerrits.

Hij was boer in Goënga.

289. Hiltje Alles (?).

Haar naam is nergens aangetroffen, en is een veronderstelling op basis van de

88

vernoemingen van de kinderen van zoon Anske. Bij de doop van deze Anske wordt alleen de vader vermeld. Hun huwelijk is ook niet gevonden (De bewaard gebleven trouwboeken van Gauw/Goënga/Offingawier beginnen pas in 1772).

290. Hille Jentjes.
Gedoopt 25 oktober 1674 te Heeg.

291. Antje Oepkes.
Gedoopt 15 maart 1685 in Tjerkwerd.

Zij komen als echtpaar voor in het lidmatenboek van Heeg, met de aantekening "van Oudega 21-5-1719". Gegevens omtrent hun huwelijk en kinderen werden niet gevonden. Zij is getuige bij de doop van dochter Auckje van Hotske Hilles (no. 145) en Auke Klazes. Daaruit, en uit de naam van de eerste dochter van Hotske Hilles, Antje, wordt afgeleid dat zij de moeder van Hotske Hilles is.

292. Hendrik Meints.
Gedoopt op 12 april 1661 te Heerenveen.
Getrouwd 25 januari 1685 te Heerenveen.

293. Tjitske Linses.

296. Thys Aukes.
Geboren 1655 in Haskerdijken.
Getrouwd 2 maart 1684 in Poppingawier.

297. Grietje Harmens.

298. Ruurd Clasen (*).

299. Feikjen Ypkes.

300. Ocke Uilkes.
Gedoopt op 8 april 1655 in Koudum
Getrouwd 30 oktober 1701 te Sneek

301. Aafke Sjoerds.

304. Popke Hemkes.
Getrouwd op 23 augustus 1696 in Drachten.

305. Tziets Jelles.

308. Teunis Hendriks.

312. Popke Roels.
Getrouwd op 16 november 1681 in Boornbergum.
Overleden 8 september 1693 in Boornbergum.

Hij deed belijdenis in Drachten op 17 september 1676. Hij was eerder getrouwd geweest met Jantien N. (patroniem niet bekend).

313. Szjouk Arens.
Overleden op 25 april 1694 te Boornbergum.

Zij kwam uit Lippenhuizen en werd in 1682 ingeschreven als lidmaat te Boornbergum..

320. Dirk Baukesz.
Geboren omstreeks 1685 in Haskerdijken.
Getrouwd op 26 juni 1712 in Terkaple (tweede huwelijk).
Overleden 4 juni 1735 in Terkaple.

Toen zijn vader in 1698 overleed werd hij op 13-jarige leeftijd wees. Zijn moeder was al eerder overleden. Er werden twee curatoren benoemd, namelijk Feike Durks, een broer van zijn vader die in Heerenveen woonde, en ene Ulbe Jans, bakker in Heerenveen. Curatoren waren verplicht de boedel te beheren totdat de wees meerderjarig was. Dit was het geval in 1710, toen hij 25 jaar werd. Blijkens het weesrekeningenboek van Schoterland vond op 14 augustus 1710 de finale afrekening plaats ten overstaan van het Nedergerecht van Schoterland. Na het overlijden van zijn vader werd het weeskind Dirk in huis genomen door de curatoren, eerst Feike Dirks en later Ulbe Jans. Al voordat Dirk met 25 jaar meerderjarig was vertrok hij naar Terkaple, waar hij later, waarschijnlijk vanaf 1718, huisman werd op een eigen bedrijf. Hij komt voor in de Floreenkohieren Terkaple in 1718 en 1728. Hij trouwde in 1709 met Aeltie Ducles, afkomstig uit Jorwerd, uit welk huwelijk drie kinderen werden geboren, waarvan de oudste jong is gestorven. Aeltie overleed in het kraambed na de geboorte van het derde kind. Binnen drie maanden hertrouwde Dirk met de dochter van de plaatselijke predikant. Uit dit tweede huwelijk werden nog eens acht kinderen geboren. Zijn tweede vrouw overlijdt op 42-jarige leeftijd, en drie jaar later overlijdt ook Dirk. Hij laat dan twee jonge kinderen achter van 7 en 4 jaar oud.

90

321. Mayke Michiels (van) Doem.
Gedoopt op 19 februari 1690 in Terkaple.
Overleden op 15 oktober 1732 in Terkaple.

Zij was een dochter van de predikant van Terkaple. In het lidmatenboek van die gemeente staat de volgende aantekening: *"1713, den 17 Sept...... en is doenmaals tot een lidmaet Christi aangenomen Mayke Doem huysvrou van Dirck Baukes".*

322. Pieter Duurdsz.
Gedoopt op 25 december 1712 te Heeg
Getrouwd op 3 januari 1734 in Heeg.
Overleden omstreeks 1772 in Woudsend

In het quotisatiekohier Wijmbritseradeel komt onder Heeg voor Pytter Duirts, met de kwalificatie "redelijke boer" en een gezin bestaande uit vier personen boven 12 jaar en 2 kinderen beneden 12 jaar. In 1754 was hij meijer (= pachter) van een zathe vlakbij die van zijn schoonzoon Feike Dirks. Hij was van 1741 – 1743 en van 1748 – 1750 diaken in Heeg, en van 1779 – 1781 ouderling.

323. Lysbeth Pieters.
Overleden voor 1767

324. Tjepke Sijtses.
Getrouwd op 21 oktober 1708 te Holwerd.

Hij was afkomstig uit Akkrum. Waarschijnlijk was hij doopsgezind.

325. Trijntje Sijbes.

Zij was afkomstig uit Holwerd.

326. Arjen Sijbrens.
Getrouwd op15 juni 1727 te Vrouwenparochie.

Hij was afkomstig uit Sint Annaparochie.

327. Ynske Doedes.

Zij was afkomstig uit Vrouwenparochie.

328. Mathijs Freerks.
Getrouwd omstreeks 1679.
Overleden 19 oktober 1699

Hij was afkomstig uit Hommerts. Behalve huisman was hij dorprechter en ontvanger te Hommerts. Na het overlijden van zijn eerste echtgenote (de moeder van no. 164) hertrouwde hij in 1692 met Ded Jelles. Bij de boedelinventarisatie op 2 november 1699, dus kort na zijn overlijden, wordt een koopbrief, gedateerd 2 mei 1658, aangetroffen van 15 pondemaat land te Hommerts, waarin als kopers zijn vermeld Freerck Goitjes en Meinu Thyssens, echtelieden. Verondersteld wordt dat dit de ouders van Mathijs zijn (zie nos. 656 en 657).

329. Trijntje Lolkes.
Overleden 21 september 1690

Haar naam werd gevonden in het Autorisatieboek van Wijmbritseradeel (akte no. 85 dd. 2-11-1699), waar met betrekking tot de weeskinderen Lolke, Pytter (= no. 164), Freerk en Wyb als vader wordt genoemd Matthijs Freerix en als moeder Trijntje Lolkes. Als curator over de kinderen wordt o.a. aangesteld Abe Herzens (no. 502), een neef (oomzegger) van de vader van de kinderen. Er is tevens sprake van ene Pyter Lolkes als haar "bestevader" (= grootvader, zie no. 1316).

330. Reyn Pytters.
Geboren op 27 augustus 1670 in IJlst..
Getrouwd 8 maart 1691 in IJlst.

Doophoudster bij zijn doop was Tryn Hanties.

331. Hots Teedes Walma.
Geboren op 17 september 1665 in IJlst.

332. Jelle Pieters Kroeles.
Gedoopt op 28 september 1684 in IJlst.
Getrouwd op 22 mei 1710 in IJlst.
Overleden op 5 mei 1724 in IJlst.

Hij was van beroep koopman, en enige tijd vroedsman en van 1721 tot aan zijn overlijden burgemeester van IJlst.

333. Maeyke Jaans Iedema.
Gedoopt op 29 september 1689 in IJlst.
Overleden in IJlst in 1750/1751.

In het quotisatiekohier 1749 komt zij voor als Maayke Carolus, weduwe, redelijk welgesteld. Gezin van 2 volwassenen.

334. Hette Douwes.
Getrouwd op 23 oktober 1712 in Oppenhuizen/Uitwellingerga.
Overleden vóór 1747.

Hij was huisman te Broek en Uitwellingerga, en doopsgezind.

335. Akke Klases.

In het quotisatiekohier 1749 komt voor onder Oosthem Hette Douwes' weduwe, met de kwalificatie "reedelijke boerin" en een gezin van drie volwassenen.

336. Hendrik Brugts.
Getrouwd 8 april 1691 in Langezwaag.

337. Sjoukjen Eibrens.

342. Claas Folkerts.
Geboren omstreeks 1671 in Schraard.
Getrouwd 2 augustus 1696 in Schraard.

343. Baefke Jans.
Geboren omstreeks 1675 in Schraard.

344. Ate Gosses.
Getrouwd 28 januari 1700 te Lemmer

345. Hiltje Sybbrens.

346. Syrck Ypes.
Getrouwd op 28 januari 1700 in Jutrijp/Hommerts.
Overleden tussen 1749 en 1758.

Het quotisatiekohier van Wijmbritseradeel vermeldt onder Hommerts: "Sierk

Ypes, arm, oude luiden". Gezin van 2 volwassenen.

347. Acke Sijmens.

Zij was afkomstig uit Hommerts.

348. Sierck Johans Cnossen.
Geboren op 28 juli 1689 in Jutrijp.
Getrouwd op 24 januari 1712 in Hommerts.
Overleden in februari 1771.

Hij was huisman te Hommerts, ontvanger te Jutrijp, en tevens enige tijd diaken en ouderling in Hommerts. In het quotisatiekohier komt voor Sierk Johans, redelijk boer te Hommerts, met een gezin van vier personen boven 12 jaar.

349. Jel Wybes.
Geboren op 15 augustus 1686 in Hommerts.

350. Anne Wijbes.
Getrouwd op 4 februari 1703 in Jutrijp/Hommerts.

351. Hitje Douwes.

Zij kwam van Jutrijp.

352. Tjakke Roelfs.

353. Auke (Aucke, Ocke) Jans.

354. Berent Egberts.
Geboren omstreeks 1671 in Muntendam
Getrouwd op 27 mei 1707

355. Gele Remckes.

356. Ajolt Asinks.
Geboren omstreeks 1666.

357. Albertjen Abrighs.
Geboren omstreeks 1670.

358. Reynder Hebbes.

359. Gepke Fokkes.

360. Yft Rimmerts.
Getrouwd 10 maart 1696 in Bolsward.

Vermoedelijk was hij bakker. Zowel zijn vader als zijn zoon hadden dat beroep.

361. Ybeltje Haukx (Haukes)

Zij was afkomstig uit Witmarsum.

364. Gerben Tomas'.
Geboren omstreeks 1685.
Getrouwd 3 februari 1704 in Oldeboorn.

Hij was vermoedelijk menist. In 1728 was hij gebruiker van stem 20, 23 en 81, gebruiker en 5/8 eigenaar van stem 46, gebruiker en ¼ eigenaar van stem 79, eigenaar en gebruiker, met zijn broer Sjoerd Tomas, van stem 80, alle te Oldeboorn. Hij komt voor in het quotisatiekohier 1749 onder Oldeboorn met een gezin van 3 personen boven 12 jaar. Er staat geen beroep of welstandskwalificatie bij. Op 5 juni 1744 trouwt hij met Neeltje Pytters uit Heerenven, weduwe van Roelof Johannes' Coopmans. Hij wordt dan Gerben Tomas' Brouwer genoemd.

365. Jeltje Tyssen.
Overleden vóór 1744.

Zij kwam bij haar huwelijk uit Woudsend.

368. Thomas Jetzes.
Getrouwd op 12 oktober 1738 in Bozum.

In het quotisatiekohier 1749 komt voor onder Bozum: *"Tomas Yetses, koterboer, gemeen begoedt"* met een gezin van twee volwassenen en vijf kinderen

369. Mayke Piers.

370. Ente Lous (*).
Gedoopt op 4 december 1707 in Tzum.

Getrouwd in mei 1736 in Tzum
Overleden vóór 1767.

371. Trijntje Jacobs.

Zij was lidmaat in Tzum in 1767 "wonende in de buuren oostzijde als weduwe van Ente Lous".

372. Jan Holkes (*).
Getrouwd 13 oktober 1715 in Wolsum.

Hij en zijn echtgenote waren lid van de meniste gemeente Bolsward. Van 1718 tot 1768 was hij boer en gedeeltelijk eigenaar van stem 21 te Wolsum. In 1728 en 1738 is hij tevens voor de helft eigenaar van stem 6 te Wons. Quotisatiekohier: "Redelijk welgestelde boer" te Wolsum.

373. Aefke Ottes.
Overleden in 1739.

Zij was afkomstig van Wons en menist.

376. Willem Hendrik Jochums Muurling (*).
Geboren in 1695 in Lemmer.
Getrouwd op 4 oktober 1722 in Lemmer.
Overleden vóór 1749.

Hij was chirurgijn van beroep

377. Tijttie Oldendorp.
Gedoopt 7 december 1690 te Sneek.
Overleden na 1749.

Zij kwam bij haar huwelijk uit Hindeloopen. Het quotisatiekohier Lemsterland 1749 vermeldt: Wed. Willem Muurling, *"beswaert met een zwaer huisgesin, door vrienden onderhouden"*. Het gezin bestond uit drie personen boven 12 en twee kinderen beneden 12 jaar.

378. Dirk Jans.
Gedoopt 19 augustus 1714 te Lemmer
Getrouwd 9 augustus 1739 te Lemmer.

Volgens het quotisatiekohier 1749 was hij meester timmerman te Lemmer, en had een gezin van twee volwassenen en vier kinderen.

379. Aaltje Karstes.
Gedoopt 30 mei 1717 te Oosterzee

380. Bauke Eelkes.
Gedoopt 21 november 1694 te Langweer.
Getrouwd 13 januari 1721 te Langweer.

Hij was afkomstig uit Langweer. In een boedelscheidingsakte van 1710 wordt hij "varend man op Langweer" genoemd. Op 24 januari 1738 werd hij burger van Sneek. Volgens het quotisatiekohier 1749 woonde hij in dat jaar aan het Kleinzand in Sneek en werd gealimenteerd. Zijn gezin bestond toen uit 3 volwassenen en 2 kinderen.

381. Meinsk Cornelis.
Gedoopt 7 juni 1697 in Langweer.

Zij was bij haar huwelijk afkomstig uit Sneek. In een boedelscheidingsakte gedateerd 22-2-1710 in verband met hertrouwen van haar vader wordt zij genoemd "huisvrouw van Baucke Eelckes, varend man op Langweer". Het huwelijk vond echter pas 11 jaar later plaats. Zij was bij het opmaken van de boedelscheidingsakte nog maar 12 jaar. Vermoedelijk betreft het hier een latere toevoeging.

382. Pytter Engles.
Getrouwd in juni 1715 in Joure (3^e proclamatie gedateerd 2 juni 1715).

Volgens het quotisatiekohier 1749 was hij toen "kistmaker in Joure, redelijk in staat". Het gezin bestond uit drie volwassenen.

383. Antje Dirx.
Gedoopt op 27 oktober 1693 te Joure.

384. Tjeerd Douwes.
Gedoopt op 9 augustus 1685 in Drachten.

De naam van zijn eerste echtgenote (moeder van nr. 192) en hun trouwdatum konden niet worden gevonden. Zijn tweede huwelijk was met Grietje Jacobs.

386. Sipke Oenes.
Getrouwd op 9 december 1703 in Drachten.
Overleden vóór 1744 in Rottevalle.

Hij was veenbaas, en in 1728 mede-eigenaar van stem 26 te Opeinde.

387. Antje Hendriks.
Overleden in 1762/1763 in Noorderdrachten.

Zij kwam bij haar huwelijk met attestatie van Oudega (S).

388. Molle Jeens.
Getrouwd op 4 december 1689 in Drachten.
Overleden vóór 1735 in Zuiderdrachten.

Hij was boer, en mede-eigenaar van stem 3 te Zuiderdrachten.

389. Jitske Oedses.

392. Thomas Martens (*).
Overleden na 1759.

Hij was scheepstimmerman te Akkrum. Quotisatie 1749: Oldeboorn, geen beroep genoemd, gezin van twee volwassenen en een kind. Plaats en datum van zijn huwelijk zijn niet gevonden. In 1759 doen Tomas Martens, oud-schuitmaker, en Tjamke Alberts een "huis, schuithuis en steed" voor 350 gulden over aan schuitmakersknecht Albert Tomas (hun zoon).

393. Tjamke Alberts.
Overleden na 1759.

394. Folkert Jacobs.
Gedoopt op 19 juni 1688 in Boornbergum.
Getrouwd op 10 oktober 1717 in Boornbergum.

395. Waabke Lammerts.
Overleden vóór 1766.

396. Thomas Johannes'.
Getrouwd op 13 februari 1718 in Nijehaske.

Hij was volgens het quotisatiekohier 1749 smakschipper in Heerenveen met een gezin van 5 personen boven 12 jaar en 1 kind.

397. Hiltje Ysbrands.

398. Claas Jelles.
Geboren op 26 januari 1696.
Getrouwd op 24 mei 1733 in Oldeboorn.
Overleden tussen 1778 en 1788.

Hij was huisman.

399. Sieuwke Jitses.
Gedoopt op 2 september 1708 in Boornbergum.

400. Paulus Sipkes.
Gedoopt op 10 augustus 1671 in Bolsward.
Getrouwd op 30 augustus 1696 in Bolsward.
Overleden vóór 1749.

Hij was meester koperslager. Zijn vader en grootvader waren ook koperslager.

401. Grietje Bouwes.
Gedoopt 20 oktober 1675 te Franeker,

402. Cornelis Ficken.
Getrouwd op 14 september 1710 in Bolsward.
Overleden na 1749.

Hij wordt op 25 september 1710, dus kort na zijn huwelijk, ingeschreven als burger van Bolsward, met de aantekening "afkomstig van Leer, Oost Friesland". Op 13-11-1710 wordt hij lidmaat te Bolsward. Hij woont dan in de Kerkstraat.
In het quotisatiekohier Bolsward 1749 komt voor Corneles Ficken, sober wever, met een gezin bestaande uit 2 volwassenen, en een aanslag van 12-13-0. Hieruit kan worden afgeleid dat zijn kapitaal geschat werd op 100 car. guldens.

403. Antje Pytters.
Geboren op 23 oktober 1686 in Bolsward.

412. Hendrik Cornelis'.

Plaats en datum van zijn huwelijk zijn niet gevonden. Volgens het Frysk Kertiersteateboek is dit de vader van Jan Hendriks Brinksma. Hij doet op 14 februari 1748 in Nijehaske belijdenis, tegelijk met zijn schoondochter Grietje (no. 207). Hij wordt daarbij Hendrik Cornelis' Brinxma genoemd. In het quotisatiekohier 1749 komt voor Hendrik Kornelis' in Nijehaske, met de kwalificatie "gering bestaan en zoon varensgezel".

413. Tryntje Gerkes.

414. Michiel Annes.
Gedoopt 21 januari 1683 te Heerenveen.
Getrouwd op 23 februari 1689 te Grouw.
Overleden vóór 1749.

Hij was eerder gehuwd geweest met Antje Sijbrens.

415. Geertie Saeckes.
Gedoopt op 20 oktober 1690 te Grouw.

Zij was eerder gehuwd geweest met Pyter Jacobs.

416. Sioucke Pyters.
Overleden vóór 13 mei 1692.

Hij was boer en doopsgezind.

417. Tryn Auckes.
Overleden vóór 13 mei 1692.

418. Jochem Tetmans (Hoefsma).
Getrouwd (ondertrouw) 14 april 1688 voor het Gerecht te Sneek.

Hij was grofsmid in Roordahuizum.

419. Maaike Sijmens (Broecksma).
Overleden vóór 17 april 1699 in Roordahuizum.

Zij was afkomstig uit Sneek.

420. Geert Alberts.
Overleden vóór 6 oktober 1706.

Hij komt voor in een akte van het Nedergerecht Rauwerderhem dd. 6 oktober 1706 inzake een curatorbenoeming over drie van zijn vijf zonen die nog minderjarig waren (= nog geen 25 jaar oud), waaronder zoon Bouwe (zie 210).

422. Jentje Everts (*).
Geboren omstreeks 1658 op Marsherne onder Sijbrandaburen.
Getrouwd 26 mei 1684 te Sijbrandaburen.
Overleden 25 april 1739 te Sijbrandaburen.

Hij was boer op stem 2 te Sijbrandaburen en gedeeltelijk eigenaar daarvan. Ook was hij ouderling in de NH kerk te Sijbrandaburen, waarvan hij en zijn vrouw op 24 november 1684 lidmaat werden. Jentje Everts is, via zijn zoon Jelle, tevens een voorvader van de bekende Friese politicus en dichter Pieter Jelles Troelstra, medeoprichter van de SDAP (Sociaal-democratische Arbeiders Partij). De kwartierdragers zijn familielid in de 14ᵉ graad van Pieter Jelles (zie Hoofdstuk 20).

423. Elbrich Gerbens.
Geboren omstreeks 1665 te Sijbrandaburen.

Zie aantekening bij haar vader Gerben Sjoerds (no. 846).

432. Claes Pieters.
Gedoopt op 20 mei 1649 in Tietjerk.
Getrouwd op 11 juli 1669 in Tietjerk.

Hij was in 1698 boer op stem 16 te Tietjerk.

433. Wytske Wytses.
Geboren in 1652 in Tietjerk.
Overleden na 1711.

In 1711 was zij nog lidmaat in Tietjerk.

434. Jelle Ypes.
Geboren in 1650 in Burgum
Getrouwd op 14 januari 1674 in Tietjerk.
Overleden na 1695.

Hij was afkomstig van Burgum

435. Antje Sickes.
Geboren in Hempens
Overleden na 1695.

Zij werd op 10 april 1664 op belijdenis in Tietjerk gedoopt. Zij was eerder
getrouwd geweest met Pieter Jans.

436. Michiel Pieters.
Geboren omstreeks 1678 in Giekerk.
Overleden na 1749.

Hij was schoolmeester te Wijns, en van 1726 - 1749 gedurende vier tweejaarlijkse
perioden ouderling aldaar. Onderwijzers waren in die tijd in dienst van de kerk, en
waren vaak ook nog voorzanger, organist, klokkenluider, koster en doodgraver.

437. Doetje Gabes.
Geboren omstreeks 1675
Overleden na 1725.

Zij was de tweede echtgenote van Michiel Pieters.

440. Dezelfde als nummer 216.

441. Dezelfde als nummer 217.

442. Douwe Sakes. (*)
Gedoopt 23 februari 1673 in Eernewoude.
Getrouwd 13 februari 1701 te Eernewoude.
Overleden vóór 1712 te Eernewoude

Hij was boer en herbergier.

443. Trijntje Sikkes.
Gedoopt 17 februari 1678 in Oostermeer.
Overleden vóór 1712 in Eernewoude.

444. Jacob Hendriks.
Geboren in Burgum.
Getrouwd 7 mei 1713 in Oudkerk.
Overleden vóór 1724 in Burgum

445. Antje Bartels.
Geboren in Oudkerk.

448. Jan Geerts.
Getrouwd 11 januari 1691 te Heeg.

449. Folkjen Jans.

458. Aucke Sijmens.
Geboren omstreeks 1670 in Joure.
Getrouwd op 31 maart 1695 in Joure.

459. Meijnu Hartmans.
Geboren op 1 oktober 1671 in Joure.

460. Harmen Berends.
Getrouwd 2 april 1693 te Warns

Bij de doop van zijn zoon Beern (Berend, no. 230) in de Ned. Herv. Kerk te Warns wordt vermeld dat hij rooms katholiek is.

461. Jel Jans.

464. Wybe Sjoerds.
Geboren omstreeks 1642
Getrouwd omstreeks 1670
Overleden omstreeks 1692.

465. Antje Sygers.

468. Evert Luytiens.
Getrouwd in augustus 1709 te Duurswoude.

Hij was huisman in Duurswoude.

469. Nele (Neeltje) Engberts.
Gedoopt op 8 april 1668 in Kortezwaag.

474. Wessel Everts.

Hij komt met zijn echtgenote voor in het lidmatenboek van Boornbergum, met de aantekening: "10-8-1727 van Oudehorne/Makkinga".

475. Jantjen Egberts.

480. Ynse Jacobs.
Getrouwd 6 juli 1679 te Joure.

Hij was afkomstig uit Nieuwehaskerschans.

481. Eeuck Piers.

Zij kwam van Joure.

482. Poppe Nutterts.
Geboren omstreeks 1650.
Overleden na 23 november 1718 in Rotstergaast.

Hij was boer op de Gaast.

483. Hiltie Rycolts (*).
Geboren omstreeks 1660.
Overleden na 23 november 1718 in Rotstergaast.

485. Jetz N.
Overleden april 1731 te Tjerkgaast

488. Jacob Oetses.

489. Lysbet Scheltes.

492. Eyte Hendriks.
Getrouwd in april 1694 in Wijnjeterp.
Overleden vóór 19 juli 1722.

Hij was huisman in de Opperburen.

493. Sioukjen Douwes.
Overleden na 19 juli 1722.

496. Pytter Eelckes.
Geboren omstreeks 1655.
Overleden kort voor10 maart 1716 te Oppenhuizen.

Hij was veehouder en van 1679 tot aan zijn dood gebruiker van plaats no. 9 te Oppenhuizen, eigendom van het Old Burger Weeshuis te Sneek.

497. Griettie N.

498. Wybe Bouwes Bruijnsma.
Geboren omstreeks 1667
Getrouwd op 12 september 1686 in Nijland.
Overleden vóór 7 september 1732.

Hij en zijn vrouw waren in 1695 Nederduitsch Gereformeerd lidmaat te Nijland.

499. Ytje Piters Foekema.
Geboren omstreeks 1669.
Overleden in april 1739 te Nijland.

Zij was op 7 september 1732 als weduwe lidmaat te Nijland. Er is een grafsteen in de kerk te Nijland met de inscriptie: *"Anno 1739 den ...0 april is in den heere gerust de eersame Ytje Pytters in leven de huisvrouw van Wybe Bouwes Bruinsma dogter van Pytter Annes out in't 71ste jaar en leidt alhier begraven".*

500. Sytse Jans.
Getrouwd 14 maart 1695 te Hommerts.

501. Meincke Ydes.

Zij was afkomstig uit Oppenhuizen.

502. Abe Hartzen (Heertsens).
Getrouwd 12 mei 1700 te Hommerts.
Overleden na 1730.

Hij was huisman te Hommerts, en eigenaar of deeleigenaar van een aantal landerijen in Hommerts. In het autorisatieboek Wijmbritseradeel komt voor een akte dd. 8 augustus 1727 inzake scheiding en deling van de nalatenschap uit zijn eerste huwelijk met Gerbrich Feytes. Als weeskinderen worden daarin genoemd Oetske 18, Rints 16 (= no. 251) en Antke 12 jaar. Verzoekers zijn de twee oudste kinderen Marij en Fou, die dan al meerderjarig zijn. Abe trouwt op dezelfde dag en plaats als zijn zuster Fou.

503. Gerbrich Feytes.
Overleden voor 8 augustus 1727.

Bij de boedelscheiding in 1727 (zie bij no. 502) wordt in haar inventaris o.a. aangetroffen een "silveren onderriem" met de inscriptie "Wyb Dircx" en een "bijbel met silveren haecken" ten name van Meinuw Jans met het jaartal 1697. Wyb Dirkcx was een zuster van haar grootmoeder Oetske Dircx (no. 2015). Wie Meinu Jans van 1697 was is nog niet gevonden.

504. Dezelfde als nummer 496.

505. Dezelfde als nummer 497.

506. Gerryt Atzes.

507. Uilk Cornelis'.

508. Jouke Jans.
Getrouwd (ondertrouw) 16 december 1694 in Uitwellingerga.

Hij kwam bij zijn huwelijk uit Hommerts. In 1708 waren hij en zijn echtgenote lidmaat in Oppenhuizen.

509. Frouck Ottes.

Zij was afkomstig uit Uitwellingerga.

510. Ysbrand Johans Baarda.
Getrouwd (ondertrouw) 23 februari 1695 te Sneek.

Hij was afkomstig uit Oppenhuizen.

511. Grietje Thomas' Boelens.
Gedoopt op 16 december 1667 in Sneek.

Zij werd gedoopt twee maanden na het huwelijk van haar ouders. Zij deed belijdenis te Sneek op 9 februari 1688. De familienaam Boelens die haar achterkleinkinderen in 1811 aannamen is kennelijk van haar afkomstig.

13. Negen generaties terug.

(nummers 512 – 1023)

Van de 512 personen in deze generatie konden er tot nu toe slechts ongeveer 30 % bij name gevonden worden. De periode waarin zij leefden beslaat ruwweg de tweede helft van de zestiende en de gehele zeventiende eeuw, dus ongeveer van 1550 – 1700. De 80-jarige oorlog besloeg het grootste deel van deze periode. In Friesland stapte men in 1580 bij besluit van de Staten van Friesland over van het katholicisme op de protestantse godsdienst.

512. Jacob Jans.
Geboren omstreeks 1595.
Getrouwd omstreeks 1620
Overleden omstreeks 1663.

In het lidmatenboek Baard 1657 en 1663 komt hij voor onder de naam Jacob Jansen. In beide gevallen is achter zijn naam de aantekening "obiit" (=overleden) vermeld. Hij zal dus omstreeks 1663 zijn overleden .Blijkens een akte van het Nedergerecht Baarderadeel (no. BAA 40-105) uit 1651 was hij boelgoedroeper te Baard. Bij openbare verkopingen (boelgoeden) riep hij de te verkopen beesten en artikelen om, om ze bij opbod te verkopen. Het was een functie die voornamelijk in het voorjaar werk gaf omdat dan de meeste verkopingen plaatsvonden. Hij zal er dus een ander beroep naast hebben gehad, mogelijk kleermaker. De functie van boelgoedroeper ging vaak van vader op zoon over, en in dit geval op zijn zoon Beern. Zijn zoon Jan, waarschijnlijk de oudste, was al in 1648 zelfstandig smid te Jorwerd. Dit houdt in dat vader Jacob zeker vóór 1600 geboren moet zijn.

513. Trijntie Beerns (?).
Overleden vóór 1657.

Haar naam werd totnogtoe niet gevonden. Dat zij Trijntie Beerns heette is een veronderstelling, gebaseerd op de naam van haar kleindochter en van haar zoon Beern.

562. Ulbe Johannes.
Getrouwd 31 maart 1678 te Joure.

563. Hiltie Annes.

566. Jan Douwes.

576. Gerrit Anskes.
Geboren omstreeks 1660 in Rauwerd.
Getrouwd 17 augustus 1684 te Rauwerd.
Overleden vóór 1749.

In 1708 woonde hij "onder de klokslag van Goënga", daarvóór te Poppingawier. In het quotisatiekohier 1749 wordt melding gemaakt van "Gerrit Anskes erven" te Goenga, redelijk wel in staat, twee volwassenen. Blijkbaar zijn weduwe en een van de kinderen, of twee van zijn kinderen, die het bedrijf voortzetten.

577. Beike Everts.
Geboren omstreeks 1664.

Zij was afkomstig uit Poppingawier. Op 20 mei 1681 is zij blijkens een boedelscheidingakte "in het 18^e jaar" (zie aantekening bij no. 844).

580. Jentie Bauckes.
Getrouwd 5 maart 1671 te Heeg.

Hij was aanvankelijk boer in Gaastmeer, en vertrok op 29 november 1696 naar Heeg, en vandaar op 15 september 1700 naar Nijhuizum. Op 26 april 1694 wordt hij curator over het weeskind van zijn schoonzuster Jouck Hilles. Volgens het Floreenkohier Wijmbritseradeel 1700 waren Jentie Bauckes c.so. (cum socii = met de zijnen) toen eigenaar van "Hille Meyns Leegh Landt" onder Gaastmeer. Kennelijk uit de nalatenschap van zijn schoonvader Hille Meijes.

581. Hotsche Hillis.
Geboren in 1652.
Overleden vóór 1696.

Na het overlijden van haar vader wordt op 24 april 1668 Atte Allis, dorprechter te Gaastmeer, tot curator over haar benoemd. Zij is dan 16 jaar, en bij haar huwelijk dus 19 jaar.

582. Upke Douwes.
Geboren 1650/1660.
Getrouwd 6 juli 1684 in Tjerkwerd.

583. Saak Jouckes.
Geboren omstreeks 1661.
Overleden vóór 1695.

584. Meinte Hendriks.

585. Antje Bouwes.

586. Lense Pytters.
Overleden vóór 12 februari 1669.

587. Tryntie Tieerdts.
Overleden vóór 12 februari 1669.

Het autorisatieboek van Schoterland vermeldt met datum 12 februari 1669 een curatorbenoeming voor de kinderen Tiets Lenses (no. 293) en Jeyp Lenses van wijlen Lense Pytters en Tryntie Tieerdts, *"in tijden echtelieden te Bansterschans"*.

592. Auke Jentckes.
Geboren in 1626
Getrouwd 5 juni 1654 in Haskerdijken.
Overleden in 1665 te Haskerdijken.

Hij wordt ook Aucke Jenckes Schroor genoemd. Mogelijk was zijn beroep kleermaker (Fries: skroar).

593. Hylk Thyssen.

594. Harmen Martens.
Getrouwd 28 maart 1656 voor het Gerecht Rauwerderhem.

595. Trijntje Jacobs.

Harmen en Trijntje kwamen beiden uit Poppingawier.

600. Ulcke Ockes.

In 1646 werd hij curator over de weeskinderen van wijlen zijn broer Haye Ockes, in leven wonend te Gaastmeer.

601. Tryn Poppes.

602. Sjoerd Feddes.
Getrouwd op 4 maart 1670 te Sneek.

603. Waltie Hendricks.

640. Baucke Dirks.
Geboren vóór 1648.
Overleden in Idaard in mei 1698.

In 1680 woonde hij met zijn broer in Goingarijp, en in 1685 in Haskerdijken. Kort daarna huurde hij een boerderij met land in Idaard, namelijk de zathe Eenstra, gelegen tussen Roordahuizum en Idaard, groot 50 pondematen.

641. Trijntje (?) Annes.
Overleden vóór mei 1698.

Dat zij Trijntje heet is een veronderstelling aan de hand van de naamgeving van de kinderen van zoon Dirk.

642. Michiel (van) Doem.
Geboren omstreeks 1640.
Getrouwd omstreeks 1683 (tweede huwelijk)
Overleden vóór 26 januari 1719

In 1659 werd hij ingeschreven als student theologie in Franeker. In 1663 was hij kandidaat. Hij bleef de volgende 4 jaar in Franeker, maar wat hij deed voor de kost is niet bekend. Op 15 april 1667 werd hij predikant in Augsbuurt/ Lutjewoude en Kollumerzwaag. Kort daarvoor, op 3 april, werd hij in Franeker berispt wegens openbare dronkenschap. Blijkbaar kon hij ook later de drank niet laten staan, want in 1676 komen bij de classis Dokkum klachten binnen over openbare dronkenschap van Michiel. Naar aanleiding daarvan wordt hem opgelegd om op 1 mei 1676 in aanwezigheid van classisvertegenwoordigers een boetepreek te houden. Enige maanden daarna wordt hij geschorst, maar op 21 augustus 1676 weer tot zijn ambt toegelaten op schuldbekentenis. Op 15 juni 1678 werd hij weer geschorst wegens dronkenschap en het slaan van zijn vrouw. Vervolgens werd hij afgezet en hij verhuisde naar Dantumawoude, waar hij onder armelijke omstandigheden een tijdlang zijn brood verdiende als schoolmeester. Op goede getuigschriften werd hij naderhand toch weer beroepbaar verklaard en in 1682

111

werd hij beroepen tot predikant in Terkaple/Akmarijp, waar hij op 14 oktober 1682 werd bevestigd door Ds. Ph. Koëller. Zijn eerste avondmaal als predikant aldaar was op 28 januari 1683, tevens de dag waarop zijn tweede vrouw belijdenis deed. Tot zijn emeritaat op 31 mei 1718 bleef hij daar predikant, en overleed spoedig daarna. Bij zijn eerste vrouw, Bati Wopkes Tallum, met wie hij op 6 maart 1664 in Franeker was getrouwd, had hij vier kinderen. Zij overleed bij de geboorte van het vierde kind, dat naar haar Bati werd genoemd. Bij zijn tweede vrouw had hij nog eens vijf kinderen, waaronder Mayke (no. 321). De familienaam wordt op verschillende manieren geschreven: Doem, Van Doem, Daum, Dom, maar vanaf de kleinkinderen wordt permanent de naam Duim gebruikt. (*)

643. Jelske Pieters.
Overleden na 3 november 1722 in Joure.

Na het overlijden van haar man verhuisde zij naar Joure.

644. Diuerd Ymes Alcama.
Geboren omstreeks 1682 in Hylaard.
Getrouwd 17 juli 1707 in Heeg.
Overleden vóór 4 november 1723 in Hylaard.

In een akte dd. 4 november 1723 (Autorisatieboek Wymbritseradiel no. 246) worden als weeskinderen van vader Djurt Ymes en moeder Yttie Pyters genoemd Yme, Pyter (no. 322), Yttie en Hendrik, naast hun hoogbejaarde grootvader Yme Djurts (no. 1288), en als curator Hendrik Ymes Alcama te Scharnegoutum. Deze laatste is kennelijk een broer van Diuerd Ymes.

645. Ytie Pieters.
Geboren omstreeks 1686 in Heeg.

648. Sytse Klaeses.
Getrouwd 3 februari 1684 te Holwerd.

649. Antje Tjepkes.

652. Sijbren Bauckes
Getrouwd op 3 februari 1695 te Sint Jacobiparochie.

653. Lysje Ariens.

654. Doede Beerns.

Hij woonde in Stiens, en kreeg behalve Ynske nog vijf andere kinderen. De naam van zijn echtgenote is niet gevonden.

656. Freerk Goitjes.

Zijn naam en die van zijn echtgenote werden vermeld in een koopbrief aangetroffen in de boedel van Mathijs Freerks (no. 328). Deze Freerk Goitjes is een gemeenschappelijke voorvader van het echtpaar nos. 2 en 3 in deze kwartierstaat (zie Hoofdstuk 20). Zijn naam komt ook voor als Freerk Goitjes Breutricks. De toevoeging Breutricks werd ook aangetroffen bij zijn dochter Maicke, zuster van no. 328.

657. Meinou Thyssens.

Dat zij de moeder is van Mathijs Freerks wordt bevestigd door het feit dat zowel Mathijs als zijn zusters Maicke en Rint (no. 1005) een dochter met de naam Meinu hebben.

658. Lolcke Pytters.
Getrouwd omstreeks 1657.
Overleden vóór 17 mei 1675.

659. Wyb Jelles.

660. Pieter Innes.

In de periode 1667 tot 1683 kreeg hij vijf kinderen, waaronder no. 330. De naam van zijn vrouw is nog niet gevonden.

662. Tede Tjebbes Walma.
Getrouwd 18 november 1660 te IJlst.
Overleden na 1707.

Hij was "vroetsman" in IJlst. In het lidmatenboek IJlst wordt hij Taede Wallema genoemd. Volgens het floreenkohier 1700 bezat hij te IJlst een vijftal percelen land, waarvan vier in gebruik bij Bouwe Pyters te IJlst en één bij Pybe Feytes.

663. Keele Broers.

113

664. Pieter Annes Kroles (Krolis).
Gedoopt op 20 oktober 1650 in IJlst.
Getrouwd 22 april 1678 in IJlst.
Overleden in IJlst op 23 september 1712.

Hij was boterkoopman en vroedsman van IJlst, en van 1708 tot 1710 "collecteur van accijnzen". In 1709 was hij gevolmachtigde voor IJlst op de landdag (de jaarlijkse vergadering van de Staten van Friesland).

665. Ydtie Jelles.
. Gedoopt op 24 juli 1660 in IJlst.
Overleden in IJlst na 11 februari 1712.

666. Jaen Iedes Iedema.
Getrouwd 26 februari 1685 te IJlst (2ᵉ huwelijk).
Overleden vóór 17 december 1727.

Hij was leerlooier en tevens vroedsman, en gedurende verschillende perioden tussen 1685 en 1726 burgemeester van IJlst. Hij komt op 31 december 1674 voor in het burgerboek van IJlst, met de aantekening "afkomstig van Sneek". Hij verkreeg het burgerschap door huwelijk met een burgeres gevolgd door vestiging in IJlst. In 1700 was hij volgens het floreenkohier gebruiker van een perceel op de "Winslootswal", dat eigendom was van "de pastorye der steede Ylst".

667. Antje Hermanus' Loyenga (Luyinga).

Zij deed belijdenis te IJlst op 27 januari 1678 als Anna Luyinga," jongedochter" (= ongetrouwd).

668. Douwe Hettes.
Getrouwd 20 maart 1672 voor het Gerecht van Rauwerderhem.
Overleden vóór 1717.

Hij was boer te Offingawier van 1678-1682. In 1698 en 1700 was hij eigenaar van en boer op stem 1 te Uitwellingerga. In 1678 leent hij van Pieter Hoites en Meins Jetses te Scharnegoutum 200 karoliguldens. In de akte wordt Bartele Tjeerds "des debitrices vader" genoemd (d.w.z. de vader van zijn vrouw). In 1700 verkoopt hij, samen met Claes Hotses, huisman te Hommerts, Anscke Ansckes, mr. blokmaker te Sneek, en Jelle Ages, huisman te Heeg, een vijfde deel van ongeveer 11 pondemaat land in de Bolten onder Broek.

669. Hinke Barteles.

Zij was afkomstig van Oppenhuizen.

670. Klaas (Claes) Joostes.
Overleden in 1734.

Hij was in 1698 huurder van de stemdragende plaatsen 21 en 22 te Broek. Hij huurde later de stemdragende plaats 1 aldaar van de familie Van Hettinga te Teroele.

671. Neeltje Riencks.
Overleden in 1735.

690. Sybbren Kerskes.

692. Ype Heeres.
Overleden 22 november 1694 te Hommerts.

693. Jel Zyrks.
Overleden 14 mei 1709 te Hommerts.

694. Symen Jans.

Zijn beroep was schipper.

695. Antje Jans.

696. Johan Siercks Cnossen.
Getrouwd 19 februari 1688 te Hommerts.
Overleden op 30 augustus 1690 in Hommerts.

In 1684 was hij diaken te Hommerts. Hij was eerder getrouwd geweest met Lolck Riencksdr.

697. Trijntje Johannes'.
Overleden op 24 december 1714.

Afkomstig van Sneek. Zij werd in 1688 als volwassene gedoopt in Hommerts. Zij is na het overlijden van haar man nog getrouwd met Uite Harings.

115

698. Wybe Ages.

699. Jets Lolckes.

720. Rimmert Hessels.

Hij was mr. bakker te Pingjum. Toen hij trouwde met Jetske Piers was hij weduwnaar.

721. Jetske Piers.

Zij kwam van Longerhouw.

728. Tomas Gooyes.
Geboren omstreeks 1645. te Oldeboorn.
Getrouwd 20 februari 1670 te Oldeboorn.

In 1698 is hij, samen met zijn vrouw, eigenaar van stem 79 te Oldeboorn

729. Rints Sjoerds.

736. Jetze Tomas'.
Geboren in 1668.
Getrouwd 21 juni 1709 in Boksum.

737. Dieuwke Jans.

740. Lou Entes.
Gedoopt 25 november 1674 in Tzum.
Getrouwd tussen mei en oktober 1706 te Tzum.

741. Welmoed R.
Overleden 16 december 1707 in Tzum.

744. Holcke Douwes.
Getrouwd 7 juni 1681 te Wolsum. (Gerecht Wymbritseradeel).
Overleden in 1713 te Wolsum.

Hij was in 1698 en 1708 gedeeltelijk eigenaar en boer op stem 21 te Wolsum.

116

745. Timmeltie Jans.

Zij was afkomstig van Bolsward.

746. Otte Gerrits.
Getrouwd 20 oktober 1688 Gerecht Wonseradeel.

In 1708 en 1718 was hij eigenaar van en boer op stem 6 te Wons. In de personele goedschatting 1697 (een soort vermogensbelasting) wordt hij aangeslagen voor een bedrag van fl. 14.500,- Hij moet dus redelijk welgesteld zijn geweest.

747. Doetje Pieters.
Overleden vóór 1712.

Zij was afkomstig van Kimswerd.

752. Jochum Piers Muirling.
Gedoopt 1 april 1666 te Heerenveen.
Getrouwd 12 december 1686 te Heerenveen.
Overleden 10 december 1709 te Lemmer.

Op 30 april 1693 wordt hij met zijn echtgenote als lidmaat ingeschreven in Lemmer, komende met attestatie uit Heerenveen. In Lemmer was hij chirurgijn. Na het overlijden van zijn eerste vrouw trouwde hij op 7 september 1700 te Lemmer met Aeltje Rinkes uit Steenwijk, bij wie hij nog vier kinderen kreeg.

753. Lamke Jans.
Overleden 7 maart 1700 te Lemmer.

Zij was afkomstig uit Steenwijk en overleed kort na de geboorte van haar jongste kind Hendrikje op 3 maart 1700.

754. Balster (Balthazar) Oldendorp.
Gedoopt 3 augustus 1661 in Sneek.
Getrouwd 7 mei 1682 te Sneek.

Hij woonde in Sneek aan het Kleinzand. Hij komt voor in het floreenkohier van Uitwellingerga als bezitter van een stuk land van 13 pm . In het autorisatieboek van Sneek wordt hij op 19 maart 1694 genoemd als curator, waarbij wordt vermeld dat hij is "burger, sergeant en landmeter". Op 25 september 1710 wordt hij wederom als curator over personen en goederen genoemd, maar nu met als woonplaats Lemmer.

755. Ympkjen Michiels Schagen.
Gedoopt 26 april 1663 in Sneek.

756. Jan Durks.
Getrouwd 7 september 1710 in Lemmer.

757. Ids Jelles.
Gedoopt 17 mei 1691 in Lemmer.

758. Karst Jans.

759. Marrichjen Jans.

762. Kornelis Jelmers.

In een boedelscheidingsakte uit 1710 in verband met zijn tweede huwelijk wordt hij "schuitvoerder op Langweer" genoemd.

763. Taeth Jelles.
Overleden vóór 22-2-1710.

764. Engele Pytters.
Getrouwd 26 mei 1672 te Sneek.

765. Pyttie Gerrits.

766. Dirk Johannes'.
Gedoopt op 4 maart 1660 te Joure
Getrouwd op 7 mei 1681 te Joure

767. Syts Coerts.
Gedoopt op 17 april 1659 te Joure.

Zij werd vernoemd naar haar moeder, die vermoedelijk in het kraambed is overleden. Mogelijk is haar doop daardoor ook uitgesteld, omdat haar vader drie maanden voor de doop met zijn tweede echtgenote trouwde.

768. Douwe Tjeerds.
Getrouwd 21 oktober 1683 in Opeinde.

769. Aukje Oenes.
Gedoopt op 2 maart 1662 te Opeinde.

772. Oene Jans (*).
Geboren in Rottevalle.
Getrouwd 9 augustus 1668 voor het Gerecht Smallingerland.

Hij was boer op stem 26 Opeinde. Zijn drie zonen erven de stem (stemrecht hadden grondeigenaren).

773. Sjouckje Sipckes.

776. Jeen Tjeerds.
Geboren omstreeks 1635.
Getrouwd omstreeks 1663.
Overleden vóór 1684 in Zuiderdrachten

Hij was boer in Zuiderdrachten.

777. Antje Molles.
Geboren omstreeks 1633.

788. Jacob Thysses.
Getrouwd 17 juli 1685 in Boornbergum.
Overleden in 1692/1696 in Boornbergum.

Zijn beroep was boer te Boornbergum.

789. Aaltje Jans.

Zij was afkomstig uit Kortehemmen, was de tweede echtgenote van Jacob Thysses en werd op 20 mei 1687 te Boornbergum op belijdenis gedoopt. In het lidmatenboek van Boornbergum staat verder bij haar naam de aantekening *"Geëxcommuniceerd in ....schande den 17-5-1696"* (dat was dus na het overlijden van haar echtgenoot).

790. Lammert Harmens
Getrouwd vóór 1671

791. Antie Heeres

796. Jelle Everts.
Geboren omstreeks 1655.
Getrouwd 6 mei 1683 te Oldeboorn.

Hij was huisman en gebruiker van plaats 15 te Oldeboorn. Op 12 maart 1685 werd hij in Oldeboorn op belijdenis gedoopt. Hij was ook enige tijd diaken.

797. Jeltje Clasen.

798. Jitse Hayes.
Gedoopt op 1 januari 1682 in Boornbergum.
Getrouwd 28 november 1706 in Boornbergum (ondertrouw).
Overleden op 29 oktober 1747 in Boornbergum.

Zijn beroep was boer.

799. Grietje Hendriks.
Gedoopt op 6 juni 1680 in Boornbergum.
Overleden in mei 1729 in Boornbergum.

800. Sipke Paulus'.
Gedoopt op 14 oktober 1632 in Bolsward.
Getrouwd op 25 mei 1656 in Bolsward.

Hij was evenals zijn vader koperslager van beroep.

801. Maeycke Attes.
Geboren omstreeks 1632 te Bolsward.

802. Buwe Buwes.
Gedoopt op 10 maart 1652 te Bolsward.
Getrouwd 3 januari 1675 in Franeker.

Hij was Mr. bakker in Franeker en in 1681 vroedsman aldaar.

803. Aefke Sibolts.

Zij was afkomstig uit Franeker.

828. Anne Annes.
Getrouwd 9 juli 1676 te Heerenveen

829. Aukjen Michiels.

830. Saecke Sytses.
Geboren omstreeks 1657, vermoedelijk in Grouw.
Getrouwd op 2 juli 1682 te Grouw (2^e huwelijk).

Hij was eerder getrouwd met Hittje Piers Bangma.

831. Grytje Tjepkes.

836. Tetman Cornelis'.
Getrouwd 23 mei 1659 in Idaard (ondertrouw)

Hij was doopsgezind.

837. Sytske Aelses.

Zij kwam uit Aegum.

844. Evert Riencks.
Getrouwd 29 november 1652 voor het Gerecht Rauwerderhem
Overleden vóór 1670.

Bij een boedelscheiding voor het Gerecht Rauwerderhem dd. 14 maart 1670 van zijn vader Rienck Jenties wordt hij genoemd als wijlen Evert Riencks en erven zijn kinderen. Bij een boedelscheiding voor het Gerecht Rauwerderhem dd. 20 mei 1681 van wijlen Evert Riencks en Trijntje Jans, eertijds echtelieden te Poppingawier, wordt dochter Byke als (half)wees genoemd. Die is dan in het 18^e jaar. Behalve de in deze kwartierstaat genoemde nazaten had Evert Riencks, via zijn zoon Albert, nog een prominente Friese nakomeling, namelijk Pieter Sjoerds Gerbrandy, minister-president van de Nederlandse regering in ballingschap tijdens de Tweede Wereldoorlog. "Onze" kwartierdragers zijn familie van Pieter Sjoerds Gerbrandy in de 17^e graad. Verder is Evert Riencks een gemeenschappelijke voorvader van elk van de beide ouders van de kwartierdragers. (Zie hoofdstuk 20)

845. Tryntje Jans.
Overleden omstreeks 1680.

846. Gerben Sjoerds.
Overleden vóór 1675.

Er is een boedelscheiding van "de vaderlijke goederen" voor het Gerecht Rauwerderhem dd. 13 februari 1676 van Gerben Sioerdts, in leven te Sybrandaburen, en Claeske Jelles, "gesterkt met haar huidige man". Als (half)weeskinderen worden genoemd Elbrich Gerbens, in het 9ᵉ jaar (no. 423), Trijntje Gerbens, in het 7ᵉ jaar, en Lysbet Gerbens, in het 4ᵉ jaar.

847. Claaske Jelles.
Overleden vóór 10 mei 1690.

Na het overlijden van haar eerste man Gerben Sjoerds hertrouwde zij met Heert Reyners. Ze kregen een dochter Dieuke, die op 10 mei 1690, bij de benoeming van een curator over haar, 14 jaar is. Curator wordt dan Wirdmer Wirdmers. Deze Dieuke Heerts werd de eerste vrouw van Nanne Freerks (no. 128).

864. Pieter Klases.
Geboren in Tietjerk.
Getrouwd 12 februari 1643 in Tietjerk.
Overleden vóór 1682 in Tietjerk.

Hij was in 1640 boer op stem 36 te Tietjerk.

865. Saeck Gosses.
Geboren in Tietjerk.
Overleden vóór 1671 in Tietjerk.

872. Pieter Boyens.
Getrouwd 23 augustus 1676 in Giekerk (ondertrouw).
Overleden in 1719 in Giekerk.

Hij was schoolmeester, tevens ouderling.

873. Rinske Michiels.

Zij kwam van Leeuwarden.

880. Claas Pieters.
Geboren in 1649 in Tietjerk.
Getrouwd op 11 juli 1669 in Tietjerk.
Overleden na 1698.

881. Wytske Wytses.
Geboren in 1652 in Tietjerk.
Getrouwd op 14 januari 1654 in Tietjerk.
Overleden na 1711.

882. Jelle Ypes.
Geboren in 1650 in Bergum.
Overleden na 1695.

883. Antje Sickes.
Geboren omstreeks 1654 in Hempens.
Overleden na 1695.

Zij werd op 10 april 1664 (zal vermoedelijk 1674 moeten zijn) op belijdenis gedoopt in Tietjerk.

884. Saecke Ages.
Gedoopt 17 september 1638 te Eernewoude.
Getrouwd 23 november 1661 te Eernewoude.

885. Tryn Teeckes.

886. Sikke Nammes.

887. Wypkje Sydses.
Overleden vóór 1707 te Oostermeer.

Zij deed belijdenis te Oostermeer op 17 november 1676.

888. Hendrik Popes.

Hij wordt in 1721 vermeld als armvoogd in Veenwouden.

890. Bartele Martens.
Gedoopt op 26 september 1658 in Oudkerk.
Getrouwd 8 februari 1685 in Oudkerk.

Hij werd op 1 januari 1694 diaken in Oudkerk. Na het overlijden van zijn eerste echtgenote trouwde hij op 21 januari 1720 met Saakje Pieters uit Oudkerk.

891. Houck Jaspers.
Gedoopt op 3 april 1664 te Oenkerk.
Overleden vóór 1720.

898. Jan Gerbens.
Getrouwd op 8 november 1663 te Nijega-Elahuizen.

899. Barber Toenis.

918. Hertman Hertmans.
Geboren omstreeks 1635 in Joure.
Getrouwd 27 april 1656 in Joure.

919. Auck Jouckes.

922. Jan Beerns.

Hij wordt genoemd als doopheffer bij de doop van zijn kleinzoon Beern Harmens (no. 230).

936. Luytsen Annes.
Geboren omstreeks 1642 te Duurswoude.
Overleden na 1716 te Duurswoude.

Hij was boer, eigenaar van stem 14 te Duurswoude, en kerkvoogd.

937. Hiltje Harmens.
Geboren omstreeks 1645 te Duurswoude.
Overleden in 1689 te Duurswoude.

938. Engbert Gerrits.

Hij laat tussen 1686 en 1693 in Kortezwaag vier kinderen dopen, waaronder Neeltje (= no. 469). De naam van de moeder wordt nergens genoemd.

966. Ryckelt Seerps.
Geboren omstreeks 1620 in Mildam.
Overleden tussen 1659 en 1681.

Vermoedelijk is hij na het overlijden van zijn eerste echtgenote Hiltien Jansdr. gehuwd geweest met Geeske Claasen, omdat bij het tweede huwelijk van deze Geeske (met Meinte Jeens) wordt vermeld "weduwe van Ricolt Seerps".

967. Hiltien Jansdr.
Geboren omstreeks 1625.

Gezien de naam van de dochter Hiltie (no. 483) is zij vermoedelijk bij de geboorte van deze dochter overleden.

996. Bouwe Tietes Bruijnsma.
Overleden vóór 3 april 1672.

Hij was in 1672 boer te Westhem.

997. Sijtske Wijbes.
Overleden vóór 3 april 1672.

998. Pytter Annes.
Getrouwd 5 mei 1667 te Sneek.

Zijn naam staat op de grafsteen van zijn dochter Ytje in Nijland (zie no. 499). Bij zijn huwelijk was hij afkomstig uit Folsgare.

999. Trijntje Kornelis'

Zij was afkomstig uit Nijland.

1004. Heertzen Abes.
Overleden vóór 1705.

In het weesboek van Wymbritseradeel worden hij en zijn vrouw dd. 4 november 1705 genoemd als grootouders van de kinderen van Jan Lolles en Meinuw Heertsens. Zijn vrouw is dan weduwe.

1005. Rint Freercx.
Overleden op 30 mei 1710.

1006. Feyte Ages.
Geboren vóór 1644.
Overleden vóór 26 juni 1696 in Hommerts.

Hij wordt in 1669 aangesteld als curator over zijn broer Nolke, waaruit wordt afgeleid dat hij toen meerderjarig was (boven 25 jaar) zodat hij voor 1644 moet zijn geboren. Bij de benoeming, na zijn overlijden, van voogden over zijn kinderen worden alle zes kinderen met name genoemd, en wordt als moeder genoemd Marij Jacobs. Als voogd wordt aangesteld Laas Jacobs, kennelijk een broer van Marij.

1007. Marij Jacobs.
Overleden na 26 juni 1696.

1022. Thomas Boeles.
Getrouwd op 16 oktober 1667 in Sneek (1e huwelijk).

Bij zijn huwelijk is hij soldaat. Bij zijn tweede huwelijk in 1673 is hij kleermaker, en bij zijn derde huwelijk in 1690 wordt hij als vroedsman en burgerhopman genoemd. Zijn patroniem Boeles wordt bij zijn tweede huwelijk in 1673 reeds geschreven als Boelens, en lijkt geleidelijk te worden gebruikt als familienaam.

1023. Sydtske Ides.
Overleden vóór 24 mei 1673.

Bij haar huwelijk kwam zij uit Buitenpost. Zij deed belijdenis te Sneek op 8 oktober 1668.

14. Tien Generaties terug.
(nos. 1024 – 2047)

Van de 1024 voorouders in deze generatie, voor het overgrote deel geboren vóór 1650, kon maar een klein gedeelte, circa 10 %, getraceerd worden. Hun levensperiode beslaat ruwweg de gehele zeventiende eeuw (1600 – 1700). Kerkelijke registratie van dopen en huwelijken was er in die tijd nog nauwelijks. De namen zijn dus voornamelijk gevonden in de gegevens over grondeigendom en -gebruik, boedelscheidingsaktes, curatorbenoemingen, etc. Dit betekent dat het voornamelijk de meer welgestelden van de voorouders (grondeigenaren, middenstanders of anderszins vermogenden) waren die nog konden worden getraceerd. Er mag dus niet uit geconcludeerd worden dat er in de loop der jaren een algehele teruggang in welstand in de familie plaatsvond.

1152. Anske Douwes.
Overleden vóór 21 maart 1684.

Hij was eerder getrouwd geweest met Syouck Benedix. Hij en zowel zijn eerste als zijn tweede echtgenote (no. 1153) worden genoemd in een akte van boedelscheiding van het Nedergerecht van Rauwerderhem gedateerd 21 maart 1684. Het gaat daarbij om de verdeling van de bezittingen tussen de vier kinderen uit het eerste en de drie kinderen uit het tweede huwelijk.

1153. Rinck Gerrits.

1154. Dezelfde als no. 844.

1155. Dezelfde als no. 845.

Dit echtpaar kwamen we in de kwartierstaat dus al eerder tegen. Dit impliceert dat ergens op een later tijdstip twee van hun nakomelingen met elkaar trouwden en ook weer nageslacht kregen. Deze situatie komt in ons voorgeslacht enkele malen voor, maar het bijzondere bij dit echtpaar is dat de twee nazaten die met elkaar trouwden het allereerste echtpaar in deze kwartierstaat betreft, de nummers 2 en 3. Dat twee stamlijnen vanuit het echtpaar Evert Riencks en Trijntje Jans, via twee van hun kinderen, na vierhonderd jaar samenkomen, kan op eenvoudige manier zichtbaar gemaakt worden door steeds de even nummers (dus die van de mannelijke voorouders) te halveren. Na respectievelijk negen en acht

127

"halveringen" resulteert dit in de ene lijn in het nummer 2 en in de andere lijn in het nummer 3, een echtpaar dus, waarvan de echtelieden in de 17^e graad (9 + 8) aan elkaar verwant zijn. In Hoofdstuk 20 wordt een overzicht van de beide stamlijnen gegeven.

1162. Hille Meijes.
Overleden vóór 24 april 1668 in Gaastmeer.

1163. Janke Pyters.
Overleden na 24 april 1668.

1166. Joucke Taeckles.
Geboren in 1620 in Westhem.
Overleden omstreeks 1691.

1167. Acke Oenes.
Geboren omstreeks 1630.
Overleden 11 november 1693 in Tjerkwerd.

1174. Tieerdt Jeyps.

1184. Jencke Wythies
Geboren omstreeks 1600
Getrouwd omstreeks 1625
Overleden voor 1695

1185. Aef Johannesdr.
Geboren omstreeks 1600

1280. Dirk Jurriens.
Geboren omstreeks 1615.
Getrouwd vóór 1640.
Overleden in Terkaple op 16 november 1673,.

Hij was handelaar en schuitemaker in Terkaple.

1281. Trijn N.
Overleden vóór 1653.

Haar voornaam weten we omdat bij de doop van kleinkind Trijntje, dochter van

128

zoon Baucke, in het doopboek werd aangetekend dat zij was vernoemd "*nae sijn eijgen moeder*".

1282. Anne Ubles.
Geboren omstreeks 1610.
Getrouwd omstreeks 1640.
Overleden tussen 1678 en 1683.

Hij was eigenaar van en boer op stem 7 te Terhorne.

1283. Antje Baukes.
Geboren ca 1610.
Overleden tussen 1700 en 1708.

1284. Jan (Johannes) Henrix (*).
Getrouwd 10 juli 1636 in Leeuwarden.

Het ondertrouwregister vermeldt dat hij koetsier was. Hij was waarschijnlijk stalhouder en werkte voor kolonel Jacob van Roussel.

1285. Sibbel Michielsdr.

Zij was weduwe van Taecke Saeckes Boelema uit Stiens, met wie zij in 1623 trouwde. Zij was toen afkomstig uit Westernijkerk.

1288. Ime Diurds Alcama.
Geboren in april 1654 in Boksum.
Getrouwd tussen 1676 en 1679
Overleden omstreeks 1733 in Oosthem.

Zij komen voor in het lidmatenboek Hylaard en kwamen in 1690 van Schingen. Blijkens de floreenkohieren van 1700 was hij in dat jaar gebruiker van stem no. 17 te Hylaard, eigendom van majoor Frans van Eminga.

1289. Doedtie Hendriksdr.
Geboren vóór 1655 in Gaastmeer.

1312. Goytzen Breutricx

Hij was boer in Jutrijp en komt voor in het stemkohier van 1640 als bezitter van

129

diverse stukken land in Hommerts. Omdat de naam Breutricks ook voorkomt bij zijn zoon en een van zijn kleindochters wordt aangenomen dat hij de vader is van Freerk Goitjes (no. 656). De naam Breutrick is een voornaam die later geleidelijk verandert in Broer.

1316. Pytter Lolckes.
Getrouwd vóór 1629.

Volgens een koopbrief in de boedel van Mathijs Freerks (no. 328), de man van hun kleindochter Trijntje Lolkes, waren hij en Tryn Freercx in 1629 echtelieden. Hij was in 1640 eigenaar van stem 10 te Hommerts. In koopbrieven van 1644 en 1650 wordt als zijn echtgenote genoemd Tedt Ages, blijkbaar zijn tweede echtgenote.

1317. Tryn Freercx
Overleden vóór 1644.

1328. Anne Poppes Kroles.
Getrouwd 1641/1642.
Overleden in 1684 in IJlst.

In 1677/1678 was hij *"collecteur van de specien"*, en van 1 januari 1682 tot zijn dood in 1684 burgemeester van IJlst. Hij werd in 1668 eigenaar van een huis aan de westkant van IJlst en in 1674 van nog een huis zuidelijk van het eerste.

1329. Wytske Piers.

1330. Jelle Sybolts.
Getrouwd 11 januari 1655 in IJlst.
Overleden vóór 1674.

1331. Hylck Symens.

In 1674 koopt zij als weduwe van Jelle Sybolts voor 71 goudguldens 17.7 pondemaat land met een molen onder IJlst. Het land wordt later geërfd door haar kleinkind Wytske Pyters Kroles.

1336. Hette Bartles.
Geboren omstreeks 1609 in IJlst.
Getrouwd 30 mei 1635 voor het gerecht Rauwerderhem.
Overleden vóór 1668 in Irnsum.

1337. Lieuts Sioerdts.
Geboren te Rauwerd.
Overleden na 1669 te Irnsum..

Lieuts had een "onnozele" broer, Klaas Sioerdts, waarvoor haar echtgenoot in 1661, dan wonend te Irnsum, curator is.

1338. Bartle Tjeerds.

In 1640 was hij boer op stem 16 te Uitwellingerga, in ieder geval tot 1679. In 1681 woont hij te Oppenhuizen.

1339. Jets Ages.

1340. Joost Claeses.
Overleden in 1737.

Hij is in 1661 als oom curator voor het weeskind van zijn zuster Rentk en Johannes Cornelis'.

1392. Sierck Johans Cnossen.

In 1640 is hij boer op stem 31 te Hommerts. Hij is in Hommerts tevens dorprechter en ontvanger. In 1657 is hij curator over de drie kinderen van zijn broer Upcke te Bolsward.

1393. Antje Hanses.

1396. Aegge Jans.
Geboren in 1623.
Overleden vóór 1682.

Hij was turfschipper te Hommerts.

1397. Jel Wybes.
Overleden op 11 december 1685 in Hommerts..

1398. Lolke Engeles.
Overleden vóór 13 december 1675.

131

Hij was boer, ontvanger en dorprechter te Hommerts.

1399. Hid Seerps.
Overleden vóór 1675.

1480. Ente Lous.
Getrouwd 11 oktober 1668 in Tzum.
Overleden 28 mei 1720 in Tzum.

Op 24 januari 1669 was hij met zijn echtgenote lidmaat in Tzum.

1481. Geyske Staases.
Overleden 23 september 1719 in Tzum.

1488. Douwe Freerks.

Hij was afkomstig van Wolsum, en wordt een aantal malen genoemd als curator
over de weeskinderen van zijn zuster en broer.

1490. Jan Lammerts.
Getrouwd 28 juni 1647 (3ᵉ proclamatie) voor het gerecht Bolsward.
Overleden vóór 31 maart 1677.

Bij autorisatie van het Gerecht Bolsward gedateerd 31 maart 1677 wordt ene Jan
Jansen, burger en bakker in Bolsward, aangesteld tot curator over de kinderen van
Jan Lammerts en Richtke Jans, namelijk Jan en Lammert, toen resp. in het 21ᵉ en
in het 18ᵉ jaar. Dochter Timmeltie (no.745) was toen blijkbaar al meerderjarig (=
tenminste 25 jaar).

1491. Richtke Jans.

1504. Pier Jochums Muirling.
Getrouwd 7 mei 1665 in Heerenveen.
Overleden na 1672.

Hij was van beroep *"adsistent"* (een soort politiedienaar).

1505. Corneliske Gepkes.
Geboren omstreeks 1640.
Overleden in Heerenveen in 1672.

132

Zij deed belijdenis in Heerenveen op 30 januari 1659. Bij haar naam wordt vermeld *"juff. Martha meid"*, waarmee zal zijn bedoeld dat zij dienstmeid was bij Martha van Kinnema, de echtgenote van de toenmalige grietman van Schoterland Daniel de Blocq van Scheltinga.

1508. Joost Balsters Oldendorp.
Getrouwd 28 april 1658 te Leeuwarden.

Hij wordt op 15 juni 1654 ingeschreven in het lidmatenboek van Sneek met de aantekening "van Deventer". Bij de inschrijving van het huwelijk in Leeuwarden wordt aangetekend dat hij afkomstig was uit Haltern. Deze plaats ligt in Noordrijn-Westfalen, ongeveer 40 km. ten oosten van Wesel. Bij dezelfde inschrijving in Sneek staat als woonplaats vermeld Sneek. Blijkens het burgerboek van Sneek werd hij op 18 oktober 1661 burger van Sneek, met de aantekening "afkomstig uit Halteren". Op 25 maart 1679 wordt hij in het autorisatieboek van Sneek genoemd als curator bij een boedelscheiding. Zijn beroep was *"zeem- en leertouwer"* (= bewerker van huiden en vellen).

In 1655 vraagt *"Jobst Oendrupf, wohnhaft in Schneek, einer Stadt in Westfriesland, durch seinen Bruder, den Schmied Herman Oendrup in Ascheberg"* in zijn geboorteplaats Haltern een geboortebewijs aan, mogelijk in verband met zijn verzoek om het burgerschap van Sneek. Bij dit verzoek worden de namen van zijn ouders genoemd. (Zie aantekeningen bij nos. 3016 en 3017). (*)

Merkwaardig is dat Joost Oldendorp tweemaal trouwde met een Titie Vogelsang (deze familienaam wordt op verschillende manieren geschreven). Alleen het patroniem is verschillend: de eerste was Titie Marcus' en de tweede Titie Rommerts (zie no. 1509). Het zijn duidelijk twee verschillende vrouwen, maar een familierelatie tussen de twee kon niet worden gevonden.

1509. Titie Rommerts Vogelsangh (*).
Geboren omstreeks 1631.
Overleden vóór 1673.

Zij was een telg uit een bekende Friese familie van "eigenerfden", d.w.z. grond- en boerderijbezitters. De naam wordt op uiteenlopende wijzen geschreven: Fogelsangh, Foegelsangh, Vogelsang(h), Vogelzang, en werd in de vrouwelijke lijn doorgegeven. De familie ontleende de naam aan een door een stamvader bewoonde boerderij met die naam, gelegen even ten zuiden van het dorp

Oosterwierum (grietenij Baarderadeel), aan de Oosterwierumervaart, een verbindingsvaart tussen de Zwette (de vaart van Leeuwarden naar Sneek) en de Franekervaart (de vaart van Sneek langs Oosterlittens en Baard naar Franeker). De familie zag kans haar grondbezit voortdurend uit te breiden, o.a. in de grietenij Kollumerland, met name door de aankoop van voormalige kloostergoederen uit de in 1580 door de staten van Friesland "onder beheer genomen" kloosterbezittingen (zie bij no. 5569). Zij kreeg daardoor een belangrijke machtspositie, omdat het stemrecht gekoppeld was aan grondbezit. Dit stemrecht betrof niet alleen het meebeslissen bij benoemingen in een groot aantal publieke functies (o.a. afgevaardigden naar de Staten van Friesland), maar gaf ook toegang tot die functies zelf. Diverse leden van de familie volgden een universitaire studie en/of bekleedden publieke ambten.

Tussen 1640 en 1644 kochten twee broers, Dr. Dirk (of Theodorus) Fogelsangh en Dr. Pibo van Doma, delen van het landbezit van het voormalige nonnenklooster De Olijfberg bij Oudwoude in Kollumerland. Dirk liet op dit terrein een state bouwen, bekend als Fogelsanghstate, die, zij het verschillende keren verbouwd en uitgebreid, nog steeds bestaat. De buurtschap er omheen is een zelfstandig dorp geworden met de naam Veenklooster. Fogelsanghstate is nu een museum.

1510. Syds Michiels Schagen.
Gedoopt 16 april 1620 te Sneek
Getrouwd 28 juli 1650 te Sneek.
Overleden 29 april 1673 te Sneek..

Van beroep was hij *"hopman, gemeensman en schrijver"*. Volgens het lidmatenboek van Sneek woonde hij in 1655 aan de Koornmarkt. Zijn naam komt, met datum 7 juli 1673, voor in het autorisatieboek van Sneek in verband met een voogdijbenoeming. Hij wordt daarbij vermeld als te zijn overleden..

1511. Meyncke Bartheles Wol(f)sma.
Gedoopt 26 oktober 1626 te Sneek.
Overleden te Sneek in de week van 26 augustus tot 2 september 1666.

1514. Jelle Rutgers.
Getrouwd 7 november 1686 te Lemmer.

1515. Attie Jakkeles.

1532. Johannes Dirks.
Getrouwd op 28 mei 1658 te Joure.

1533. Eeuwkje Johannis'.

1534. Coert Annes.
Getrouwd op 20 november 1653 te Joure.

1535. Sydts Johannes'

1538. Oene Sytses.
Geboren in 1638 in Rottevalle, gedoopt op 23 oktober 1642 in Opeinde
Getrouwd 13 februari 1658 in Opeinde.
Overleden in Rottevalle vóór 23 juli 1675

Hij werd gedoopt op 4-jarige leeftijd, tegelijk met zijn broer Wobbe. Zijn latere beroep was boer en veenbaas.

1539. Iebel Feddes.
Geboren omstreeks 1639 te Opeinde.
Overleden na 1686 te Rottevalle.

1544. Jan Hendricks.

1545. Geeske Egberts.

1546. Sipcke Rinthies.
Geboren vóór 1667te Rottevalle.

Hij was eigenaar van stem 26 te Opeinde, een zeer gegoede veenbaas en oprichter en mede-eigenaar van de "Rottervalster Veencompagnie".

1547. Hendrickje Willems.
Geboren vóór 1667.

1552. Tjeerd Jeens.
Geboren omstreeks 1607 in Noordredrachten
Getrouwd omstreeks 1632 in Noorderdachten.
Overleden vóór 1698.

Hij was huisman, eigenaar van stem 3 te Opeinde, en later van stem 4 te Noorderdrachten. Eén van de voor vervening gegraven zijvaarten van de Noorderdwarsvaart (zie aantekening bij no. 3104) heette al in 1663 de "Tyeerd Jaens wyk". Het ligt voor de hand te veronderstellen dat deze voor vervening gegraven wijk liep door of naar een stuk veengrond dat hij in bezit had, mogelijk geërfd van zijn vader, die bij het begin van de vervening een rol had gespeeld.

1553. Jeltie Rinthies (*).
Geboren omstreeks 1610
Overleden na 1670 in Noorderdrachten

1576. Thys Thysses (*).
Geboren omstreeks 1592 in De Wilgen.
Getrouwd omstreeks 1640 te Boornbergum.
Overleden vóór 1656 te Boornbergum.

Hij was in 1640 eigenaar en gebruiker van stem 1 te Boornbergum.

1577. Aalcke Jacobs.
Geboren omstreeks 1610 te Boornbergum.
Overleden vóór 30 april 1676 in Boornbergum.

1596. Haye Jelckes.
Getrouwd 10 november 1671 in Boornbergum.
Overleden in 1707 in Boornbergum.

Hij was boer, vervener, en dorprechter.

1597. Sieuwke Meints.
Overleden op 30 december 1688 in Boornbergum.

1598. Hendrik Hendriks de Jonge.
Getrouwd 12 mei 1676 in Boornbergum.
Overleden in 1705 in Boornbergum.

1599. Saak Jans.
Overleden in mei 1704 in Boornbergum.

1600. Paulus Jans.
Getrouwd 25 september 1628 in Bolsward.

Zijn beroep was mr. koperslager.

1601. Teatske Sipkes.

1602. Atte Folckerts.
Getrouwd op 8 juli 1630 te Bolsward.

1603. Wybrich Obbes Broersma.
Gedoopt op 29 september 1604 te Sneek.

Zij kwam bij haar huwelijk uit Sneek en kwam uit een destijds vooraanstaande familie, getuige ook het voeren van een familienaam.

1604. Buwe Buwes.
Getrouwd 15 juli 1649 in Bolsward.
Overleden vóór 1657.

1605. Grietje Hylckes.

Zij kwam uit Oosterend. Bij de benoeming in 1657 van een curator over haar dan 5-jarige zoon Buwe (no. 802) wordt zij *"burgerse en winkelierse"* genoemd, en woont zij in Bolsward.

1660. Sytse Saeckeszn.
Geboren omstreeks 1616 te Eernewoude.
Getrouwd vóór 1657 te Grouw (2^e huwelijk).
Overleden omstreeks 1682 te Grouw.

Hij was landbouwer te Eernewoude, en was eerder getrouwd geweest met Teth Bouckes, uit welk huwelijk hij vier kinderen had.

1661. Geertje Ages.

1688. Rienck Jenckes.
Geboren omstreeks 1586.
Getrouwd vóór 1610.

Hij was boer op stem 16 te Irnsum en aldaar administrateur en dorpsontvanger.

1689. Mayke Alberts.
Overleden vóór 1646.

1690. Jan Jacobs.

1691. Bycke Byckes.

1728. Klaas Aukes.
Geboren in 1584.

1729. Elske Sybes.

1730. Gosse Bartels.
Geboren omstreeks 1572.
Getrouwd vóór 1627.
Overleden na 1638.

Op 25 maart 1638 (3^e proclamatie) is er sprake van een huwelijk van Gosse Bartles te Tietjerk met Jydts Reiners. Dit is vermoedelijk zijn tweede huwelijk.

1731. Sepck Aetses (Edses).
Geboren omstreeks 1578 in Noordermeer.
Overleden vóór maart 1638.

1760. Pieter Klases.
Geboren omstreeks 1620 in Tietjerk.
Getrouwd op 12 februari 1643 in Tietjerk
Overleden vóór 1682.

1761. Saeck Gosses.
Geboren omstreeks 1618 in Noordermeer.
Overleden in Tietjerk vóór 1671.

1768. Age Saeckes.

Hij woonde in Eernewoude.

1769. Tryn Bouckes.
Overleden vóór 1666.

1776. Pope Sjoerds.
Overleden vóór 1680 in Veenwouden.

Hij was eigenaar van een tapperij en herbergier in Oudkerk. Zijn naam komt voor in het doopboek van Hardegarijp, als op 25 april 1673 de zuster van ene Jurjen Steffens haar zoon Abraham laat dopen, *"in onecht verwekt bij Pope Sjoerds".*

1777. Tjitske Giolts.

1780. Marten Sjoerds.
Overleden in februari 1690 in Oudkerk.

1781. Foekje Dirks.
Overleden in december 1695 in Oudkerk.

1782. Jasper Jetses.
Geboren in Oenkerk.

Hij en zijn echtgenote deden belijdenis in Wirdum op 26 januari 1651. In 1659 woonden zij in Oenkerk. Hij was van 1659-1661 diaken aldaar en van 1679-1681 ouderling. Na overlijden van zijn eerste echtgenote trouwde hij op 12 maart 1665 met Eelkje Douwes uit Giekerk.

1783. Houkje Jennes.
Geboren in Giekerk.
Overleden in 1664 in Oenkerk.

Zij overleed blijkbaar bij de geboorte van haar tweede kind, dat daarom naar haar Houkje werd genoemd (= no. 891).

1932. Seerp Ricolts.
Geboren omstreeks 1600 in Oudeschoot.
Overleden in Mildam na 29 januari 1658.

1933. Tryn Dircksdr.
Geboren omstreeks 1600 in Mildam.
Overleden in Mildam na 1 maart 1648.

1934. Jan Thomasz.

1935. Jacobien Berendsdr.

1992. Tyete Buwes.
Geboren omstreeks 1573
Overleden 11 mei 1644 te Nijland.

1993. Rinck Ruyrdts.

1994. Wybe Ages.
Overleden na 12 februari 1660

Er is een koopbrief van 1653 waarbij hij aan zijn schoonzoon Bouwe Tietes land verkoopt. In een akte van boedelscheiding gedateerd 4 april 1672 wordt hij genoemd als vader van Edger Wybes, die in een eerdere akte genoemd wordt als oom van de kinderen van no. 996 en 997. Deze Edger is dus een broer van no. 997.

1995. Rintk Gerrardi
Geboren vóór 1615
Overleden vóór5 februari 1642

2008. Abe Heertsens (?)

Deze persoon is nergens in geschreven documenten aangetroffen. Hij wordt verondersteld te hebben bestaan als logische tussenschakel tussen Heertsen Claas' uit Heeg (no. 4016) en Heertsen Abes uit Hommerts (no. 1004), die op grond van de namen verondersteld worden grootvader en kleinzoon te zijn.

2010. Dezelfde als no. 656.

2011. Dezelfde als no. 657.

2012. Age Feites.
Overleden vóór 28 september 1685.

Bij de curatorbenoeming voor zijn zoon Nolke wordt een inventaris opgemaakt. Belangrijke post daarin is een "schuyte ter waarde van 420 goudguldens". Hij was mogelijk schipper.

2013. Hid Nolkes
Overleden vóór 10 februari 1669.

2014. Jacob Lasis.

2015. Oetske Dircx.

15. Elf Generaties terug.

(nos. 2048 – 4095).

Deze generatie bestaat uit 2048 personen. Slechts ruim 90 daarvan konden bij name worden gevonden. Over het algemeen zijn ze geboren vóór 1600.

Enkele van de gevonden namen in deze en in de eerdere (12ᵉ) generatie komen we tegen in het Register van de Personele Impositie uit 1578. De Personele Impositie was een belasting, ingesteld door de Staten-Generaal in 1578 ten behoeve van de "generale middelen", nodig ter bestrijding van de oorlogskosten, en te innen door de staten van de verschillende gewesten. De Staten van Friesland besloten om als grondslag voor de heffing in te stellen het dragen van kleding gemaakt van zijden of fluwelen laken. In feite dus een soort weeldebelasting. Uit de hoogte van de aanslag, die door taxateurs werd vastgesteld en varieerde van 50 caroli guldens voor de hoge geestelijken tot drie stuivers voor de minst welgestelden, kan bij benadering nagegaan worden in welke mate van welstand men verkeerde (1 cg = 20 stuivers).

2308. Dezelfde als no. 1688.

2309. Dezelfde als no. 1689.

2310. Dezelfde als no. 1690.

2311. Dezelfde als no. 1691.

2332. Taekle Gatses.
Geboren omstreeks 1588.
Getrouwd 26 december 1613 in Heeg.

Hij woonde in Westhem.

2333. Saak Ebedr.
Overleden tussen 1626 en 1636.

2334. Oene Sybrens.

Hij was huisman te Folsgare.

2348. Jeyp Tiaerdts.
Geboren omstreeks 1560.
Getrouwd omstreeks 1585 in Schoterwold
Overleden in 1640 in Ouseschoot.

2349. Ded Sipckes..

2368. Wythie Jenckes.
Geboren omstreeks 1580
Overleden na 1635

2560. Jurrien Dirks.
Geboren omstreeks 1590.

Waarschijnlijk was hij schipper van beroep, maar mogelijk ook handelaar in schepen. In 1656 verkocht hij een turfschip aan schipper Johannes Cornelis' uit Joure. Toen deze na de eerste aanbetaling weigerde de rest te voldoen daagde Jurrien hem voor het Nedergerecht van Utingeradeel, dat Johannes Cornelis'veroordeelde de resterende schuld van 980 Caroli guldens te voldoen. Jurrien woonde met zijn laatste vrouw, Ydt Folkerts, aan de Kleef in Akkrum. Zij was niet de moeder van zoon Dirk.

2561. N. Sierksdr.

2576. Diurd Imeszn Alcama.
Geboren na 1628 in IJlst.
Getrouwd 15 mei 1652 in IJlst.
Overleden tussen 1670 en 1676 in Boksum.

2577. Trijntje Jansdr.
Geboren omstreeks 1632 in Boksum.
Overleden 26 februari 1666 in Boksum.

2672. Bartel Folkerts.
Getrouwd in 1609 in Oppenhuizen.

2673. Auck Hettes.

2674. Sioerdt Jans.
Geboren omstreeks 1591.

Overleden vóór 30 januari 1646.

Hij was boer op stem 36 in Rauwerd.

2675. Feick Dircks.
Overleden vóór 30 januari 1646.

2676. Tiaerd Pieckes.
Getrouwd 29 november 1608 in Heeg of Goingarijp

Hij kwam bij huwelijk uit Goingarijp.

2677. Hincke Tzernes.

2680. Claes Wybrens.
Overleden vóór 1661.

2681. Antje Joostes.

2784. Johan Upckes Cnossens.
Geboren omstreeks 1576 te Knossens (bij Bolsward).
Overleden in 1636 te Hommerts.

Hij is bijzitter en dijkgedeputeerde van Wijmbritseradeel, en dorprechter, ontvanger en kerkvoogd in Hommerts. In 1617 is hij "mede gedeputeerde van Wijmbritseradeels contributie" en dan *"olt omtrent 41 jaren"*. (Zie Frysk Kertiersteateboek pag. 324). Hij is eigenaar van een plaats in Hommerts, met het recht van twee stemmen. In 1640 is zijn dochter Jeltie eigenaar van deze plaats. Op de kerkklok van Hommerts staat het opschrift: *"Johan Upkes Cnossen bijzitter in Wymbritseradeel en gedeputeerde der dijcen anno 1624 Hoijte Tites Hoytema en Seerp Syrks kerkvoogden in den Hommerts".*

2785. Jelcke Beedr. Algera.
Overleden tussen 1642 en 1647.

In de kerk te Hommerts bevindt zich een grafsteen met de inscriptie: *"1636 begraven Johan Wpkes Knossen deszelfs huisvrouw Jelke Bees dr Algera ten jare 16..."*.

2786. Hans Idses.
Overleden vóór 1621 te Smallebrugge.

2787. Jesel Haitsedr.

2792. Jan Aegges.
Overleden vóór 1637.

Hij was boer en woonde in Hommerts.

2793. Tryn Jelmersdr.

2796. Engele Sioerdts.
Overleden na 1644.

Hij was boer in Hommerts. Er is van hem een grafsteen in de kerk van Hommerts, waarop het jaartal niet meer te lezen is.

2797. Syds Ennes Metsma.
Overleden na 1644.

2798. Seerp Sierks.
Overleden tussen 1644 en 1648.

Hij was boer in Hommerts en mede-eigenaar en gebruiker van stem 34 aldaar. In 1624 was hij kerkvoogd in Hommerts. Zijn naam komt voor in het randschrift op de torenklok , samen met die van Johan Upckes Cnossen (no. 2784) en Hoyte Tietes Hoytema.

2799. Eemck Ydses.

2962. Staas Harmens.
Overleden 18 december 1668 in Tzum.

2980. Lammert Thoenis.
Getrouwd op 2 april 1626 te Bolsward.

2981. Siouw Jans.

Zij kwam uit Nijland en was weduwe van Birde Hylckes.

145

2982. Jan Dirckx.

Getrouwd op 11 januari 1624 in Harlingen.

2983. Timentie Alberts.

Zij was afkomstig uit Harlingen.

3008. Jochem Jans.

3009. Hendrikje Martens.

Overleden in 1666 in Heerenveen.

3010. Gepke Waetses.

Gedoopt op 4 mei 1603 te Leeuwarden.
Getrouwd 18 februari 1627 in Heerenveen.

3011. Tuentje Boelis.

3016. Balthasar Oldendorp.

Bij de vermelding in het archief van het verzoek van zijn zoon Joost om een geboortebewijs (zie aantekening bij no. 1508) staat aangetekend dat de ouders van Joost zijn Jobst Oendrup en Agnes Schurmann, bewoners van de hoeve Schulte Oendrup in de Bauernschaft Lavesum, Kirchspiel Haltern. Er wordt bij vermeld dat de grootouders van vaderszijde ook reeds op deze hoeve woonden. In dezelfde archiefbron komt een soortgelijk verzoek uit 1647 voor van ene Balthasar Oldendorp, die dan in Rotterdam woont en naar Spanje wil afreizen. Hij vraagt om een geboortebewijs en een reispas. Als diens ouders worden genoemd Baltasar Schulte Oldendorp en Agnes Schemans, bewoners van het Schulte Oldendorps erf in Lavesum. Er staat verder een aantekening bij dat *"die Familie Oldendorp ist identisch mit der Familie Ondrup"*. Gezien de bijna identieke naam van de moeder en de gelijke woonplaats van de ouders kan het bijna niet anders of Balthasar in Rotterdam en Joost in Sneek moeten broers zijn. Alleen de vader heet in het ene geval Jobst en in het andere geval Balthasar. Omdat Joost in Sneek soms Joost Balsters Oldendorp wordt genoemd (namelijk bij de doop van zijn zonen Rombertus en Balthasar) en zijn oudste zoon de naam Balthasar krijgt, wordt aangenomen dat zijn vader Balthasar heet.

3017. Agnes Schurmann.

Dezelfde bron als hierboven genoemd vermeldt dat de vader van Agnes bezitter was van de hoeve Schurmann in het Kirchspiel Dulmen, alwaar hij provisor was (waarschijnlijk een soort geestelijk verzorger) van het Kirchspiel en van de kerk.

3018. Rommert Wpckes Vogelsangh
Getrouwd omstreeks 1632.
Overleden tussen 1645 en 1652

Hij was woonachtig in Bozum. Na het overlijden van zijn echtgenote werd op 15 maart 1645 tot voogd over zijn kinderen Taecke, Titie, Martsen en Claeske aangesteld Hidde Jetses Pettertilla, broer van hun moeder. Op 6 juni 1645 werd Rommert Wpckes burger van Sneek.

3019. Aafke Jetses Pettertille.
Overleden 8 augustus 1644.

Zij was eerder getrouwd geweest met Taecke Taeckes, bij wie zij drie kinderen had, Uilcke, Aeffke en Claeske. Na het overlijden van haar eerste man werden Hebbe Taeckes, bijzitter van Leeuwarderadeel, en Aette Taeckes, ooms van de kinderen, curator. Aafke werd begraven in de kerk van Bozum. Haar grafsteen bevindt zich in die kerk, met als inscriptie: *Ao 1644 den 8 augusty is in den heere gerust de eerbare duchtrycke en godtsalyge Aefke Ietses Patertille die huisvrou van Rommert Wypkes en leit hier begrave met twee van haar kinders Claske en Achtie genamt".* Over de herkomst van de naam Pettertille zie de aantekening bij no. 12076.

3020. Michiel Sydses.
Getrouwd 23 mei 1619 te Sneek.

3021. Tetke Taedes.

Zij kwam uit Holwerd.

3022. Barthle Reyners Wol(f)sma.
Getrouwd 15 januari 1626 te Sneek.

In het lidmatenboek van Sneek komt hij in 1629 voor met als beroep vlaskoper. In 1654 wordt hij oud-schepen genoemd. Op 20 juni 1626 wordt hij ingeschreven als

147

burger van Sneek, waarbij staat vermeld dat hij afkomstig is uit Deersum.

3023. Meyns Orcks.

Zij was de tweede vrouw (van de vier) van Barthle Reyners en stierf waarschijnlijk bij de geboorte van hun dochter, die daarom naar haar vernoemd werd.

3076. Sytse Oenes (*).
Geboren omstreeks 1618 in Oostermeer.
Getrouwd in 1637.
Overleden tussen 1662 en 1667 in Rottevalle.

Hij was boer en vervener.

3077. Lisck Wobbes.
Geboren omstreeks 1615 in Opeinde.
Overleden tussen 1650 en 1662 in Rottevalle.

3090. Rinthie Sipckes.
Geboren omstreeks 1575.
Getrouwd omstreeks 1599.
Overleden vóór 1653.

3091. Aath Hendricks.
Geboren omstreeks 1570.

3104. Jeen Hinnes (*).
Geboren omstreeks 1578 in Noorderdrachten.
Getrouwd omstreeks 1605
Overleden tussen 1645 en 1650.

Hij was boer, dorprechter, ontvanger, eigenaar en gebruiker van stem 4 in Noorderdrachten. Op 2 februari 1613 was hij volmacht voor Noorderdrachten bij een contract over de verbetering van de oude Kletstervaart. In 1641 tekende hij als eerste, als gevolmachtigde voor Noorderdrachten, het "Contract tusschen de ingezetenen van de Zuider- en de Noorder Drachten en Passchier Hendriks Bolleman over het graven van de Drachtster Vaart d.d. 5 October 1641". Vermoedelijk was hij een van de bezitters van de veengronden ten oosten en noordoosten van Drachten die tot dan toe niet waren afgegraven wegens ontoegankelijkheid door het ontbreken van vaarwegen. Door de toenemende energieschaarste ontstond er in de eerste helft van de zeventiende eeuw een aanzienlijke stijging in de vraag naar en daarmee de prijs van turf. In 1641 zag een twintigtal veeneigenaren een nieuwe mogelijkheid een vaart te graven om het hoogveengebied te ontsluiten (de eerdere mogelijkheid, namelijk de Kletstervaart, was door waterstaatkundige bezwaren op een mislukking uitgelopen). Omdat het hun aan voldoende kapitaal ontbrak, werd er een geldschieter gevonden in de persoon van de Hagenaar Passchier Hendriks Bolleman. Hij trok er een aantal andere gegoede inwoners van Den Haag bij en gezamenlijk vormden zij een "compagnie", een destijds niet ongebruikelijke zakencombinatie. In het contract werd overeengekomen dat Bolleman "met zijn medestanders" voor eigen rekening een kanaal zou graven dat een verbinding tot stand zou brengen tussen het Gaasterdiep en de oostelijk van Drachten gelegen venen. De vaart zou lopen tussen de dorpjes Noorder en Zuider Drachten en zou zich ten oosten daarvan splitsen in twee smallere dwarsvaarten, later genoemd de Noorder en de Zuider Dwarsvaart. Dit kanalenstelsel was bedoeld om het veen te ontwateren, de turf af te voeren en naderhand mest en schelpen (kalk) aan te voeren om de afgegraven grond voor landbouw geschikt te maken. Als tegenprestatie zou Bolleman een kwart van de afgegraven turf krijgen, plus het veen dat door het graven van de vaarten vrij kwam. Bovendien mocht hij brug- en sluisgeld heffen. Voor het verder doordringen in de veengebieden werden haaks op de dwarsvaarten extra sloten gegraven, evenwijdig aan en op regelmatige afstand van elkaar. Dit zijn de zogenaamde wijken. Tot na de tweede wereldoorlog bestonden al deze wijken nog. Daarna zijn ze geleidelijk verdwenen vanwege de uitdijende bebouwing van Drachten. Een van deze wijken was de Pastoriewijk (later ook de Skoallewyk genoemd, omdat op de hoek bij de Noorder Dwarsvaart een school stond). Aan deze wijk had Pake Jeen (no. 6) zijn boerderijtje. Een paar wijken noordelijker was de Tjeerd Jeenswijk, genoemd naar de zoon van Jeen Hinnes (zie no. 1552). Iets zuidelijker was de Langewijk, die naderhand voor de verdere verveningen werd doorgetrokken tot Bakkeveen en verder, en de Bakkeveenstervaart werd genoemd. Aan de Langewijk, inmiddels gedempt, woont kwartierdraagster no. 1a

3105. Auckjen Tjeerds.
Geboren omstreeks 1581 in Buitenpost
Overleden na 1635 in Noorderdrachten

3106. Rinthie Foockes.
Geboren omstreeks 1579 te Noorderdrachten.
Getrouwd omstreeks 1612.
Overleden na 1640 te Noorderdrachten..

149

Hij was boer en eigenaar en gebruiker van stem 6 te Noorderdrachten..

3107. Jouck Ebses.
Geboren omstreeks 1582.

3152. Thys Geerts.
Geboren omstreeks 1540 in Boornbergum.
Getrouwd omstreeks 1578 in Boornbergum.
Overleden na 1616 in De Wilgen.

Hij was in 1616 schoenmaker in De Wilgen.

3153. Jantien Lamberts.
Geboren omstreeks 1555 te Boornbergum.
Overleden na 1616 in De Wilgen.

3154. Jacob Folckerts.
Geboren omstreeks 1580 te Boornbergum.

3192. Jelcke Hayes.
Getrouwd omstreeks 1645.
Overleden op 29 januari 1688 in Boornbergum.

Hij was van beroep boer.

3193. Auck Wilts.
Overleden vóór 1674.

3194. Meynt Jans.
Geboren in Opeinde.
Overleden tussen 1655 en 1656 in Boornbergum.

Hij was boer.

3195. Ebel Gosses.
Overleden vóór 1699 in Smalle Ee.

3196. Hendrik Hendriks de Olde.
Overleden na 1667.

3206. Obbe Broersma (*).
Getrouwd in 1590 te Sneek.
Overleden te Sneek kort voor 25 mei 1617.

Hij was in Sneek ontvanger van de steedpachten, fiscaal en notaris. Hij wordt lidmaat van de hervormde kerk in Sneek op 29 juni 1600. Op 19 augustus 1608 kopen hij en zijn vrouw een huis te Sneek aan de Marktstraat. Later kopen zij een huis aan de Nauwe Noorderhorne, waar Obbe ook overlijdt.

3207. Auck Gysbertsdr. Laquart.

Bij haar huwelijk met Obbe was zij weduwe.

3320. Saecke Wierds.
Geboren omstreeks 1600 te Eernewoude.

Hij was landbouwer te Eernewoude.

3321. Griet Douwes.

3322. Age Binnerts.

3323. Tryn Clases.

3376. Jencke Aerns.
Overleden in 1604 te Irnsum.

In het register van de Personele Impositie van 1578 komt hij voor als Janke Aerndtz met een aanslag van 3 caroli guldens. Op de rechtszitting van Rauwerderhem van 7 juni 1591 verschijnt hij als dorprechter van Irnsum. Hij had nog twee broers: Aede Aerns en Eelcke Aerns. Beiden komen voor in het register van de Personele Impositie van 1578, en wel als Aedo Arentz en Eelck Arentz *"inden dorpe Rauwert"*. In 1580 werd Jencke Aerns administrateur van "de geestelijke opbrengsten van Oostergo" voor het dorp Irnsum. Dit betrof het beheer van inkomsten uit de kerkelijke goederen (voornamelijk landerijen), die bij besluit van de Staten van Friesland van datzelfde jaar waren "overgenomen" van de Rooms-Katholieke kloosters. Deze opbrengsten moesten voortaan niet meer de Heilige Moederkerk maar de "ware gereformeerde religie" dienen.

3377. Anna Dircksdr.
Overleden omstreeks 1600.

3460. Bartel Jans.

In 1630 woonde hij te Noordermeer onder Bergum.

3461. Saeck Martens.

3462. Aetse Sipckes.
Geboren in Noordermeer.
Getrouwd omstreeks 1590
Overleden vóór 1613 in Noordermeer.

Hij was van beroep boer. In het Register van de Personele Impositie 1578 komt hij voor onder "Bergum te Noordermeer" als Aetye Sipckesz, met een bijdrage van 1 car. gulden. De gemiddelde aanslag van Bergum/ Noordermeer bedroeg 16 stuivers. Aetse lag met 20 stuivers (= 1 cg) een kwart boven het gemiddelde.

3463. Swaantje Wytses.
Geboren in Noordermeer.

3520. Claes Aukes.
Geboren omstreeks 1584.
Overleden vóór 1650.

3521. Elske Sybes.

3522. Gosse Bartels.
Geboren omstreeks 1573 in Noordermeer.
Overleden na 1632.

3523. Sepck Aetses (Edses).
Geboren omstreeks 1575 in Noordermeer.
Overleden vóór 11 maart 1638.

3536. Dezelfde als no. 3320.

3537. Dezelfde als no. 3321.

3554. Giolt Siegers.

3555. Engeltje Johannes'.

3560. Sjoerd Alberts.

3561. Antje Martens.

3566. Jenne Wobbes.
Geboren in 1596 in Giekerk.

Hij was boer in Giekerk en in 1640 eigenaar en gebruiker van stem 2 aldaar.

3567. Antje Theunis'.

Zij was toen zij met Jenne Wobbes trouwde weduwe van Rein Siedses.

3864. Ricolt Barresz.
Geboren omstreeks 1563 in Oudeschoot..
Overleden na 25 april 1604 in Oudeschoot.

3865. Martsen Oedsdr.
Geboren omstreeks 1560.
Overleden 5 mei 1609.

3866. Dirck Pyttersz.

3867. Aeltien Jansdr.

3990. Gerard Cleibeucker
Overleden in 1640 te Oosthem

Hij wordt ook genoemd Gerardo Cleybeckero. Hij was van 1608 tot 1640 predikant te Oosthem, Abbega en Folsgare. Er is een grafsteen voor hem in de kerk van Oosthem, waaruit blijkt dat hij in 1640 is overleden. Zijn naam wordt daarop gespeld als Gerardus Klebeecker. Na zijn dood wordt tot curator over zijn beide zoons benoemd Sybolt Birdes Buma, ontvanger van Wijmbritseradeel (kleinzoon van no. 44772). Zijn dochter Rintk (no. 1995) was toen blijkbaar al meerderjarig.

3991. Hiske Adgers

Er is voor haar een grafsteen in de kerk van Oosthem waarop staat: *"............marty in den heere gerust die eerbare Hiske Adgerdochter die huisfrouwe van Gerardus Klebeecker olt 61 jaer".* Het jaartal is niet meer leesbaar.

4016. Herzen Claas'
Getrouwd 8 augustus 1596 te Heeg

4017. Fouk Diorres.

4020. Dezelfde als no. 1312.

4026. Nolke Jans.
Getrouwd op 22 januari 1626 in Woudsend.

4027. Jets Sierks.

4030. Dirk Sierx.
Overleden in 1670 in Oppenhuizen.

Er zijn vijf kinderen van hem bekend: Oetske (no. 2015), Wyb (genoemd bij no. 503), Sierck, Cornelis en Bauk.

16. Twaalf Generaties terug.
(nos. 4092 - 8183).

Van de 4092 personen in deze generatie konden slechts 49 bij name gevonden worden.

4616. Dezelfde als no. 3376.

4617. Dezelfde als no. 3377.

4664. Gatse Takles.
Geboren omstreeks 1548.

In het Register van de Personele Impositie 1578 komt voor onder Terckuart   (= Tjerkwerd) Gatse Jaclez, met een aanslag van 1 caroli gulden. Het gemiddelde van de 56 ingezetenen van Tjerkwerd was 2 cg en 7 stuivers.

4696. Tiaerdt Tiaerdts.
Geboren in 1525.
Overleden in 1604 in Oudrschoot.

4697. Jel Jeyps.
Overleden in 1601 in Schoterland.

5152. Ime Igesz Alcama.
Geboren omstreeks 1612 in IJlst.
Getrouwd in 1636 in IJlst.

5153. Fenne Tyaerdtsdr.
Geboren omstreeks 1612 in IJlst.

5154. Jan Jansen.
Geboren vóór 1606 in Boksum.

5155. Aeltie Tymensdr.
Geboren vóór 1610 in Boksum

5568. Upcke Aenes Knossens.
Geboren omstreeks 1539.

Overleden vóór 19 januari 1597.

Hij was eigenaar van 40 pm land te Knossens. Hij komt voor in het Register der Personele Impositie der stede Bolsward 1578 als Upcke Anez, met de (hoge) aanslag van 4 caroli guldens.. Het gemiddelde voor de hele stad Bolsward bedroeg 1 cg en 17 stuivers. De aanslagen varieerden van 7 ½ stuiver tot 10 cg.

5569. Mints Thomasdr.
Overleden in 1607 of 1608.

Zij komt onder de naam *Mynts Wpcke Aenes wed. tot Knossens* voor in de afrekening over het boekjaar 1606/1607 van de Ontvanger-Generaal van de Kloostergoederen in Friesland, met een bedrag van 28 caroli guldens en 10 stuivers (15 pondemaat à 38 stuivers). Blijkbaar was zij gebruikster van een stuk land behorende tot de bezittingen van het "Oega Clooster", een nonnenklooster onder Bolsward. Toen Friesland in 1580 officieel overging van de "papiste" naar de hervormde leer, werden de kloosterbezittingen "in beheer genomen". De administratie en het innen van de pachten en renten, werd toevertrouwd aan een aparte instantie, het kantoor van de Ontvanger der Kloostergoederen. Uit de opbrengsten werden "vrome doelen" bekostigd, o.a. traktementen van predikanten en schoolmeesters en nagenoeg de gehele Franeker Universiteit.

5584. Aegge Eeuwes (Juuws).

Op 24 januari 1597 wordt hij als Age Juuws van Hommerts ingeschreven als burger van Sneek, met de vermelding: afkomstig van Hommerts..

5592. Siurdt Aennes.
Overleden in 1635 in Hommerts.

5594. Enne Wytses Metsma.
Overleden 14 november 1610.

Hij woonde in 1586 te Oudega (W) en was toen soldaat in de Oldeboornsterschans. In 1588 woonde hij te Leeuwarden. Op 3 mei 1598 kocht hij een derde deel van de opstal van Metsma sathe in Oldeboorn van zijn zuster Fed Wytses. Bij zijn overlijden was hij boer in Hommerts. Onder zijn nalatenschap waren landerijen in Oldeboorn en Akkrum.

5595. Uilck Doedes.
Overleden vóór 1628.

Zij trouwt na het overlijden van Enne met Popck Reiners uit Oldeboorn, die ook voogd wordt over de kinderen uit het eerste huwelijk

5596. Sierk Sydses.
Overleden in 1615 in Smallebrugge.

Hij was boer in Smallebrugge. Op 22 augustus 1615 vindt ten sterfhuize boedelinventarisatie plaats. Curator over zijn kinderen wordt dan zijn broer Pier Sydses te Heeg. Sierk Sydses is een gemeenschappelijke voorvader van het echtpaar nos. 2 en 3 van deze kwartierstaat (zie Hoofdstuk 20).

5597. Hid Leuckes.

6020. Watze Gepckes.
Ondertrouwd op 31 januari 1595 voor het Gerecht Leeuwarden.

Hij was herbergier. Bij zijn tweede huwelijk wordt hij "gasterijhouder" genoemd.

6021. Christijn Cornelis' Fabers.

6036. Wpcke Reyns.

In 1608 schreef Upko Regneri Fogelsanck zich in als rechtenstudent in Franeker. In 1618 wordt hij vermeld als notaris Upko Fogelsangh in Harlingen en in 1622 te Workum. Er is geen familieverwantschap gevonden met de familie van zijn vrouw. Blijkbaar gebruikte hij voor zichzelf de familienaam van zijn echtgenote.

6037. Ytje Rommerts Vogelsangh.

6038. Jetse Hiddes Pettertille.
Getrouwd 16 mei 1603 voor het Gerecht van Baarderadeel.
Overleden op 28 februari 1626 te Goutum.

Hij was bijzitter van Leeuwarderadeel en dorprechter en ontvanger in Goutum.Bij zijn tweede huwelijk in 1620 wordt hij Jetse Hiddes Pettertilla genoemd. De naam Pettertille is ontleend aan de buurtschap waar zijn ouderlijk huis (vermoedelijk boerderij met landerijen) stond. Zie bij no. 12076.

6039. Aef Ewerts Bualda.
Geboren omstreeks 1585 in Jorwerd.
Overleden vóór september 1620 in Goutum.

6040. Sydts Jurriaans.
Geboren vóór 1580 te Sneek

6152. Oene Aesges.
Geboren omstreeks 1572 te Oostermeer.
Getrouwd omstreeks 1617 (2^e huwelijk).
Overleden in Oostermeer na 16 oktober 1650.

Hij was boer, kastelein, veenbaas, dorprechter en ontvanger. In 1640 is hij voor de helft eigenaar en boer op stem 9 te Oostermeer.

6153. Aef Sytses Ammama.
Geboren omstreeks 1588 te Suameer.
Overleden na 16 oktober 1650.

6154. Wobbe Bouwes.
Geboren omstreeks 1575 te Kortehemmen.
Getrouwd omstreeks 1598 te Opeinde.
Overleden tussen 1637 en 1659 te Opeinde.

Hij was boer te Opeinde.

6155. Assel Liebbes.
Geboren omstreeks 1577 te Ureterp.
Overleden tussen 1637 en 1659 te Opeinde.

6208. Hinne Ubles (*).
Geboren omstreeks 1545.
Overleden na 1615.

Hij was boer, dorprechter en ontvanger, en in 1581 kerkvoogd te Noorderdrachten. In 1615 hoort hij bij de *"gemene feengenoten van de Folger-venen"*, door zijn bezit van twee maal 1 roede veen, die hij in 1607 al in bezit had. (zie Frysk Kertiersteateboek pag. 372). Hij komt voor in het Register van de Personele Impositie 1578 met een aanslag van 1 cg.

6209. N. Jeens.
Geboren omstreeks 1545.

Haar voornaam is nergens gevonden.

6210. Tjeerd Engberts.
Geboren omstreeks 1550.
Overleden vóór 1621.

Hij was boer te Buitenpost.

6211. Sjouckjen N.
Geboren omstreeks 1553.
Overleden vóór 1621.

6214. Ebdye Bennes.
Geboren omstreeks 1548 in Kooten
Overleden na 1612 in Oudega.

Hij is in 1607 gebruiker van *"9 lopen saienge, 4 koegras en 50 pond. meden"* te Oudega uit het in 1580 door de staten van Friesland in beheer genomen bezit van het klooster Smalgene. De plaats waar het klooster stond heette later Smalle Ee, waaruit de naam Smallingerland is ontstaan.

6304. Geert Hendricks.
Geboren omstreeks 1503 te Boornbergum.
Overleden na 1555 te Boornbergum.

Hij was boer te Boornbergum.

6388. Jan Drewes.

Hij was boer op stem 10 te Opeinde in 1640.

6389. Sieuke Gerckes.

6390. Gosse Jouckes.
Overleden tussen 1648 en 1652.

Hij was boer op stem 2 te Boornbergum.

6391. Bintje Alles.
Overleden na 1652.

6412. Douwe Obbes Broersma.
Getrouwd in 1561 in Sneek.
Overleden omstreeks 1590.

Hij was van 1575 tot 1580 secretaris van de vroedschap van Sneek, en later advocaat. In het register van de personele impositie komt hij voor als "Mr. Douwe secretarys". Hij woont dan in het *"Merckstraester Vyerendeel"*. In zijn functie van secretaris van *"Olderman Burgemeesteren Schepenen en Raeden der steede Sneek"* tekent hij ook dit register als Douuo Broersma. Hij en zijn vrouw kopen in 1561 een "huys en schuyr" aan de Nauwe Noorderhorne te Sneek.

6413. Aelcke Harmensdr.
Overleden na 15 februari 1601.

6414. Gysbert Hans Laquart.
Geboren omstreeks 1545.
Getrouwd omstreeks 1579.

Hij was in 1573 secretaris van Baarderadeel en van 1580 tot na 1606 secretaris van Wonseradeel.

6415. Marij Jan Fransdr. van der Heul (Verheul).

6640. Wierd Annes.
Geboren omstreeks 1560.

Hij was landbouwer te Eernewoude.

6754. Dirck Willems.
Geboren omstreeks 1521.
Overleden op 15 december 1595 in Rauwerd.

7022. Dezelfde als no. 6640.

7040. Auke Sjoerds.
Getrouwd omstreeks 1580 in Tietjerk.
Overleden vóór 1625 in Tietjerk.

7041. Antje Pieters.

7044. Bartel Jans.
Overleden na 1630 in Noordermeer.

7045. Saeck Martens.
Overleden na 1630 in Noordermeer.

7046. Aetse Sipckes.
Geboren omstreeks 1545 in Noordermeer.
Getrouwd omstreeks 1568.
Overleden vóór 1613 in Noordermeer.

7047. Swaantje Wytses.
Geboren in Noordermeer.

7072. Dezelfde als no. 6640 en 7022.

7132. Wobbe Montes.

7133. Aukje Siedses.

7728. Barre Lieuwes
Geboren in 1507 in Hemelum.
Overleden te Sneek in 1578.

Hij was boer in Nieuweschoot.

7729. Mein N.
Overleden na 1560.

7730. Oeds Seerps.
Geboren omstreeks 1530.

8054. Dezelfde als no. 5596.

8055. Dezefde als no. 5597.

17. Dertien Generaties terug.
(nos. 8096 – 16191)

Er zijn 8096 voorouders in deze generaties. Geschreven bronnen waarin zij voorkomen zijn nauwelijks voorhanden. Toch konden een 35-tal namen nog worden getraceerd, dank zij het feit dat hun naam ergens in documenten terecht kwam omdat zij bezittingen hadden of een openbaar ambt bekleedden.

9234. Dezelfde als no. 6754.

9394. Jeyp Idsz.
Overleden in 1592 in Schoterwold.

9395. Bauck N.

10306. Tiaerdt Dioertszn. Aelckema.
Geboren vóór 1571 in De Triemen (grietenij Kollumerland)
Getrouwd 1629
Overleden tussen 1640 en 1643.

10307. Bauck Fooclesdr.
Geboren vóór 1608 in IJlst.

11136. Aene Johans Knossens.

11137. Ath Johannis'.

11138. Thomas Jelles.
Overleden vóór 1558.

In 1544 en 1545 protesteert hij bij de verkoop van renten uit de sate Meylahuis te Oosterend omdat hij claimt eigenaar te zijn van tenminste 15 pondemaat. In 1552 is hij een van de weerbare bewoners van Nijland met *"harnas, rincraeg, speidts, deghen".*

11139. Gats Etedr.
Overleden na 14 november 1571.

In 1558 vernietigt het Hof van Friesland een vonnis van het gerecht van

Hennaarderadeel tegen Gaetz Etedr. weduwe Thomas Jelles, *"wonende op 't Nijlandt bij Bolzwaert"*.

11188. Wittie (Wytse) Sipckes.
Overleden 1561/1563.

Hij was mogelijk boer op Metsma-state in Oldeboorn.

11189. Eets Renckedr.
Overleden na 1578.

In 1578 protesteert zij vanwege haar kinderen Wyts en Enne tegen de verkoop bij decreet van een huis op de Nieuwstad in Leeuwarden uit de nalatenschap van Lyuwe Tyalles.

11192. Sydse Piers.
Overleden 20 januari1619 in Smallebrugge.

Hij was boer in Osingahuizen en in Smallebrugge en kerkvoogd in Smallebruge. Op 3 september 1598 werd hij aangenomen als lid van de Gereformeerde kerk in Heeg. In 1611 procedeert hij, in zijn hoedanigheid van kerkvoogd te Smallebrugge, voor het Hof van Friesland tegen onder meer zijn zoon Sierck Sydses. (*)

11193. Marij Seerps.
Overleden 3 juni 1619 in Smallebrugge.

11194. Leeucke N.

12074. Rommert Yskes.
Overleden vóór 1607.

In 1588 was hij dorpsvolmacht van Oosterwierum. In 1590 verkocht hij, samen met zijn broer Pieter Yskes, land in Rauwerd aan Dr. Dirk Fogelsangh, zijn zwager. Rommert Yskes' weduwe wordt genoemd als gebruikster van land, afkomstig van de abdij Bloemkamp (ook wel genoemd het Oldeklooster) bij Hartwerd, in de rekening over het boekjaar 1606/1607 van de ontvanger-generaal van de klooster-opbrengsten in Friesland. De naam van zijn echtgenote kon niet worden gevonden. Het echtpaar had acht kinderen.

12076. Hidde Jetses.

In het Register van de Personele Impositie van 1578 komt hij voor onder Oldekerck (= Oudkerk) als Hidde Jettyesz met de vrij hoge aanslag van 2 caroli guldens en 5 stuivers. Hij wordt in 1582 nogmaals genoemd te Oudkerk en in 1586 te Oenkerk. In 1561 leent Hydde Jettziez te "Pittertille bij Barleheem" (= Bartlehiem) 200 goudgulden aan de prior van het klooster Mariënbos te Luinjeberd voor de verbetering van een bij het klooster horend huis. De buurtschap Pettertille lag iets bezuiden Bartlehiem, ongeveer waar het riviertje de Wurge uitmondde in de Dokkumer Ee. Vermoedelijk lag daar een tille (= brug).

12078. Evert Bualda.
Geboren omstreeks 1560.

12080. Jurriaan Sydts.
Overleden vóór 10 juni 1580 te Sneek

Hij was koperslager in Sneek.

12081. Aef Jacobs.
Overleden vóór 10 juni 1580 te Sneek

Bij haar overlijden was zij reeds weduwe.

.
12304. Aesge Aesges.
Geboren omstreeks 1542.
Overleden vóór 2 november 1616 in Oostermeer.

Bij zijn overlijden wordt zijn zoon Oene genoemd als zijn erfgenaam.

12305. Tijed Oegedr.

12306. Sytse Hernes Ammama.
Geboren omstreeks 1538 in Garijp.
Getrouwd omstreeks 1561te Suameer.
Overleden vóór 16 oktober 1650.

Hij was van beroep boer.

12307. Mary Alberts.
Geboren omstreeks 1540 te Suameer.
Overleden vóór 16 oktober 1650 in Suameer.

12308. Bouwe Hendricks.
Geboren omstreeks 1545 te Opeinde.
Getrouwd omstreeks 1570 te Opeinde.
Overleden na 1618 te Opeinde.

Hij was boer te Opeinde.

12309. Hiltje Wobbes.
Geboren omstreeks 1548 te Opeinde.
Overleden na 1618 te Opeinde.

12310. Liebbe Eeuwes.
Geboren omstreeks 1550 te Ureterp.
Getrouwd omstreeks 1575 te Ureterp.
Overleden vóór 1625 te Ureterp.

12311. Wiltje Egberts.
Geboren omstreeks 1553 te Ureterp.
Overleden na 1625 te Ureterp.

12418. Jeen Sythies.
Geboren omstreeks 1510 in Noorderdrachten.
Overleden na 1552.

12428. Benne Ebdyes.
Geboren omstreeks 1514 in Kooten.
Overleden na 1581 in Kooten.

12776. Drewis Meynts.
Geboren omstreeks 1550 te Opeinde
Getrouwd omstreeks 1575 te Opeinde.
Overleden in 1615/1616 in Opeinde.

Zijn beroep was boer. Hij wordt genoemd in het Register van de Personele
Impositie 1578 als *Dreyus Meyntsz. te Suwameer* (= Suameer). Bij het bedrag van
de aanslag is vermeld "nichiel potest", hetgeen betekent dat hij te arm was om voor

belastingbetaling in aanmerking te komen. Hij kocht in 1615 land in de Wolwarren onder Oudega.

12777. N. Wybes.
Geboren omstreeks 1553.
Overleden voor 1615 te Kollumerzwaag.

12824. Obbe Douwesz.
Overleden in 1539.

12826. Harmen Jansz.

12827. Wybrich Dircksdr.

13280. Anne Eelckes.

Hij was landbouwer te Eernewoude.

14144. Dezelfde als no. 13280.

15456. Lieuwe Gabbes.
Geboren omstreeks 1480 in Stavoren.

In 1529 was hij huisman te Hemelum.

15457. N. Barredr.
Geboren in 1485 in Rottum (bij Heerenveen).

16108. Dezelfde als no. 11192..

16109. Dezelfde als no. 11193.

16110. Dezelfde als no. 11194.

18. Veertien en meer generaties terug.
(Nos. 16368 en verder)

Uit de verdere generaties konden slechts een beperkt aantal personen bij name gevonden worden, namelijk 32 in de veertiende, 16 in de vijftiende, 18 in de zestiende, 9 in de zeventiende, 2 in de achttiende en tenslotte 1 in de negentiende generatie. Zij worden in één hoofdstuk genoemd, met achter hun naam de generatie waartoe zij behoren. Deze vijf generaties leefden grotendeels in de vijftiende en de zestiende eeuw (1400 – 1600). Dus in de tijd van de twisten tussen de Schieringers en de Vetkopers. De gevonden personen leefden allemaal in Friesland. De totale bevolking van wat we nu de provincie Fryslân noemen bedroeg rond het jaar 1500 naar schatting 75.000. Ter vergelijking: ons theoretisch aantal voorouders in de 19^e generatie terug zou al meer dan een half miljoen bedragen. Er is dus heel wat kwartierverlies (zie hoofdstuk 2). Dit kwartierverlies neemt toe naarmate we verder in de tijd teruggaan. Dat blijkt ook wel uit de in dit hoofdstuk genoemde namen. Van de 68 genoemde namen zijn er 8, dat is bijna 12 %, die al eerder in de kwartierstaat voorkwamen.

20612. Dioert Tyaerdtszn Alckema (14^e generatie)..
Geboren vóór 1553 te Veenklooster (grietenij Kollumerland).
Getrouwd omstreeks 1570
Overleden na 1618.

20613. Frouck Ruierdsdr. Ypema (14^e generatie).
Geboren vóór 1553 in De Triemen

22272. Johan Upckes toe Knossens (14^e generatie).
Overleden 27 oktober 1558 in Bolsward.

Er is een, niet meer geheel leesbare, grafsteen van hem in de Broerekerk te Bolsward *"Anno 1558 de 27 october sterf......... Iohan Wpkes Knossens........."*. Hij stond in hoog aanzien bij de Bolswarder burgerij en bekleedde een aantal belangrijke ambten aldaar. Hij wordt in 1552 genoemd in het register van de "Monstercedullen" van Bolsward en moet daarom een volledige wapenuitrusting hebben gehad. In 1553 was hij "provoost" van de Bolswarder schutters. In 1557 was hij een van de volmachten voor de stad Bolsward in een geschil over het onderhoud van de zeedijken benoorden Makkum. Hij bezat land in Knossens en in Kimswerd, het laatste mogelijk geërfd van zijn schoonouders.

22273. Egbertje Egberts (14ᵉ generatie).
Overleden 26 augustus 1570.

De overlijdensdatum komt voor op een grafsteen in de Broerekerk te Bolsward.

22278. Ethe Sirixz (14ᵉ generatie).

Hij was in 1511 boer in Hommerts op een sate van 55 pondemaat. Het is niet geheel zeker of dit de vader van Gats Etedr. (no. 11139) is. Er is namelijk ook nog sprake van een Etha Sibes te Hommerts, die in 1508 overleed.

22376. Sipcke Keimpes (14ᵉ generatie).

Hij en zijn echtgenote worden in 1508, 1527, 1529 en 1543 genoemd als wonend in Terhorne. (*)

22377. Ferdu N. (14ᵉ generatie).

22386. Seerp Sybolts Buma (14ᵉ generatie).
Geboren omstreeks 1532.

24148. Yscke Rommerts (14ᵉ generatie).
Overleden na 1598.

24149. Hiske Dircks Fogelsangh (14ᵉ generatie).
Geboren omstreeks 1522.
Overleden omstreeks 1587.

24608. Aesghe Hendricks (14ᵉ generatie).
Geboren omstreeks 1505.

24610. Oege Folperts.

24612. Herne Sytses Ammama (14ᵉ generatie).
Geboren omstreeks 1513 in Garijp.
Overleden tussen 1578 en 1601 te Garijp.

Hij was boer op Ammamastate te Garijp. In het Register van de Personele Impositie 1578 komt hij voor onder Garijp als Herne Syttyesz, aanslag 1 cg.

24613. Rixt N (14ᵉ generatie).
Geboren omstreeks 1515 te Garijp.
Overleden vóór 1590.

24614. Albert Gerryts (14ᵉ generatie).
Geboren omstreeks 1515 te Garijp.
Overleden tussen 1606 en 1623 te Garijp.

Hij was boer te Garijp.

24620. Eeuwe Wilts (14ᵉ generatie).
Geboren omstreeks 1520 te Ureterp.
Overleden na 1595 te Ureterp.

24856. Ebdye Bennes (14ᵉ generatie)
Geboren omstreeks 1480 in Kooten (grietenij Achtkarspelen).
Overleden na 1512.

25648. Douwe Taeckes *(14ᵉ generatie).*

Hij is in 1511 eigenaar van een rente uit Ulbada sate, en boer op en mede-eigenaar van Broersma sate te Sijbrandaburen. Broersma sate lag iets ten noorden van de dorpskom van Sijbrandaburen. Ulbada sate lag tussen Sijbrandaburen en Terzool en grensde aan Broersma sate.

30912. Gabbe Baernds (14ᵉ generatie).
Geboren in 1437 in Ferwoude.

In 1460 woonde hij in Stavoren.

30913. N. Tyedgerdr. (14ᵉ generatie).
Geboren omstreeks 1442.

30914. Barre Rommertha (Rommertsma) (14ᵉ generatie).
Overleden in 1498 te Laaksum.

Hij was een Fries edelman uit Rottum (bij Heerenveen). Hij sneuvelde in 1498 bij Laaksum tegen de Saksische troepen. Laaksum (of Laaxum) is een klein vissersdorpje in Gaasterland in de buurt van Warns. Keizer Maximiliaan van Oostenrijk had in 1477 het grote rijk waarvan Friesland formeel deel uitmaakte geërfd van zijn schoonvader Karel de Stoute en wilde zijn rechten doen gelden. Het lukte zijn afgezanten echter niet om de heersende twisten tussen de Schieringers en de Vetkopers tot een einde te brengen. In 1498 benoemde hij daarom zijn krijgsheer en schuldeiser hertog Albrecht van Saksen tot *"gubernator en potestaet"* van Friesland. Onder druk van de plunderende troepen van Albrecht van Saksen waren de Schieringers al spoedig bereid het gezag van Albrecht te erkennen. Op 30 april 1498 werd namens de steden Sneek, Bolsward, Franeker, Workum en Sloten en een aantal prelaten en edellieden uit Westergo in Sneek aan de vertegenwoordiger van de hertog een akte van erkenning overhandigd. Nadat ook de rest van Friesland Albrecht als landsheer had aanvaard, legden op 15 oktober 1498 vertegenwoordigers van delen en steden in een plechtige bijeenkomst in de Kruisbroederskerk te Sneek de eed van trouw af. Het betekende het einde van de tot dan bestaande feitelijke Friese vrijheid. Lang heeft het Saksische bestuur niet geduurd, slechts 17 jaar. De Friezen werden lastig, vooral toen ze naar hun mening teveel belasting moesten betalen. Karel van Habsburg, de latere keizer Karel V, kocht in 1515 de landsheerlijkheid over Friesland terug van hertog George van Saksen, zoon van Albrecht.

30915. Weenck Eelckesdr. (14^e generatie).

32218. Seerp Sybolts Buma (14^e gneratie)
Geboren omstreeks 1532.

41224. Tyaerdt Dyoerdtszn. Alckema (15^e generatie)..
Geboren omstreeks 1532 in De Triemen.

41225. Wyb Dyoerdtsdr. Ypema (15^e generatie).
Geboren vóór 1537 in De Triemen.

41226. Ruierd Dyoerdtszn. Ypema (15^e generatie).
Geboren omstreeks 1538 in De Triemen.
Getrouwd vóór 1571.
Overleden tussen 1633 en 1640 in Westergeest (grietenij Kollumerland).

41227. Jimck Sytsma (15^e generatie)..
Geboren vóór 1550.

44544. Upka Johans toe Knossens (15ᵉ generatie).

Hij laat in 1543 de sate Groot Knossens bouwen.

44546. Egbert Syurds Buwama (15ᵉ generatie).

Hij was "ghaeman" (landeigenaar) in Allingawier en in 1495 eigenaar van stukken land in Kimswerd.

44752. Keimpe Ennes (Ynnazn) (15ᵉ generatie).

Hij wordt in 1495 vermeld in Terhorne

44772. Sibolt Birdes Buma (15ᵉ generatie).
Geboren omstreeks 1510 in Abbega.
Getrouwd omstreeks 1530

In het register van de Personele Impositie komt hij voor onder Workum met een bijdrage van 6 stuivers.

44773. Bauck Oenes Auckema (15ᵉ generatie)
Geboren omstreeks 1510.

48298. Dirck Gerryts Fogelsangh (15ᵉ generatie).
Geboren omstreeks 1485.
Getrouwd omstreeks 1508 in Oosterwierum.
Overleden tussen 1539 en 1543.

48299. Jouwer Bobbinga (15ᵉ generatie).
Geboren omstreeks 1495 in Stiens.

49224. Sytse Hernes Ammama (15ᵉ generatie).
Geboren omstreeks 1485 te Garijp.
Overleden na 1543 te Garijp.

In 1511 was hij boer en landeigenaar in Garijp.

51296. Take Douwesz. (15ᵉ generatie).
Getrouwd omstreeks 1504.
Overleden vóór 1509.

61824. Baernd Jelles (15ᵉ generatie).
Geboren omstreeks 1410 in Ferwoude (Wonseradeel)

61826. Tyedger Ryoerdts (15ᵉ generatie).

64436. Dezelfde als no. 44772.

64437. Dezelfde als no. 44773.

82448. Dyoerd Alckema (16ᵉ generatie).
Geboren vóór 1506 in De Triemen.

82450. Dyoerdt Ypema (16ᵉ generatie).
Geboren omstreeks 1514 te Oudwoude (grietenij Kollumerland).
Getrouwd omstreeks 1552.

82451. Somrich Foeckelsdr. Lolckema (16ᵉ generatie).
Geboren vóór 1522 in De Triemen.

82452. Dezelfde als no. 82450.

82453. Dezelfde als no. 82451.

89088. Johan Upkas toe Knossens (16ᵉ generatie).

Hij woonde op *"Litike Knossens"*. In 1497 komt hij voor in de Sneker Recesboeken. Hij moet dan zijn zilverwerk inleveren dat hij als onderpand had gegeven voor een geldlening. Zijn voornaam komt ook voor als Janka, Jancke en Jan.

89544. Birde Sibolts Buma (16ᵉ generatie)
Geboren omstreeks 1480 in Abbega.

89545. Anna N. (16ᵉ generatie).

96596. Gerryt Jans (Janckes) Fogelsangh (16ᵉ generatie).
Getrouwd omstreeks 1480
Overleden vóór 1511.

96597. Syts Folckertsdr. (16e generatie).

In 1511 wordt zij genoemd als eigenares van de sate Spital te Deinum.

96598. Here Takes Bobbinga (16ᵉ generatie)

96599. Bernske N. *(16ᵉ generatie)*

98448. Herne Tjercks Ammama (16ᵉ generatie).
Geboren omstreeks 1458 te Garijp
Getrouwd omstreeks 1482.
Overleden vóór 1511 in Garijp.

Hij was boer in Garijp.

98449. Lioets N. (16ᵉ generatie).
Geboren omstreeks 1460 te Garijp.
Overleden na 1511 te Garijp.

102592. Dow (Douwe) Takama (16ᵉ generatie).
Overleden vóór 1486.

Hij was landeigenaar op Ulbada sate te Terzool. In 1486 is er een geschil tussen de erven van Dow Takama en het klooster te Aalsum, waar zijn dochter Alle kloosterlinge was. De uitspraak van arbiters is dat de erven aan het klooster moeten betalen.

123648. Jelle Baernds (16ᵉ generatie).
Geboren omstreeks 1385 in Ferwoude.

Hij was huisman.

128872. Dezelfde als no. 89544.

128873. Dezelfde als no. 89545.

164902. Foeckel Lolckema (17ᵉ generatie).
Geboren omstreeks 1500 in De Triemen.

.

178176. Uupca Johannis' to Knossens (17^e genera tie).

Zijn naam komt voor als WPKA Johan(NI)S to KNOSSENS in een testamentaire acte van 5 juni 1456 (in het archief van de stad Workum), waaruit kan worden afgeleid dat hij in de buurtschap Knossens woonde.

178177. Reijnske (Sickama ?) (17^e generatie).

179088. Sibolt Birdes Buma (17^e generatie).
Geboren omstreeks 1455 in Abbega.

In het Register van den Aanbreng van 1511 wordt hij genoemd als landeigenaar in *"Oldeghae: Sibolt Birdaz mey syn vader, broer en susteren, eijgenerffd in dessen landen".*

193192. Jancke Pieters (17e generatie).

Hij komt voor in 1479 als getuige bij de ondertekening van een testament van Gielt Harkinga te Oosterwierum.

193194. Folckert Bentes (17e generatie).

Hij kwam uit Oosterwierum. Op 17 maart 1469 leggen Doeke Fons, Eelke Folkertsz. en Syts Folkertsdr. een geschil bij over de erfenis van Folkert Bentes. Hierbij werd aan Eelke en Syts o.a. het "Spitaalstergoed" te Deinum toebedeeld (zie hiervoor bij no.96597 en hierna bij no. 386388).

196896. Tjerck Ammama (17^e generatie).
Geboren omstreeks 1430 te Garijp.

Hij was boer te Garijp.

257744. Dezelfde als no. 179088.

358176. Birde Holkes Buma (18 generatie)
Geboren vóór 1430 in Abbega.

Hij was boer en landeigenaar te Oudega (W). Hij had behalve Sibolt nog een zoon en tenminste twee dochters

386388. Bente(t) Folckerts (18^e generatie).

Hij woonde in 1433 in IJlst. Op 30 juli 1433 bezegelen de magistraat van Sneek en Bentet Folckerts te IJlst een verklaring dat Bentet van de Johannieter Hospitaalcommanderie te Sneek 90 schilden (= een munteenheid) heeft ontvangen uit de ruil van zijn goed te Rauwerd. Bij de hier bedoelde transactie ontving hij in ruil voor zijn eigen bezittingen onder Rauwerd een sate te Deinum die genoemd werd het Spitaler of Spitaalster goed. Dit Deinumer goed bleef gedurende de gehele 16^e eeuw in bezit van de Oosterwierumer Fogelsangh-familie.

De Johannieterorde was een geestelijke ridderorde die rond het jaar 1050 in Jeruzalem ontstond en tot doel had zieke pelgrims te verplegen. Zij stichtten daartoe een hospitaal in Jeruzalem, en de officiële naam van de orde is dan ook, naar haar schutspatroon Johannes de Doper, "Ridderlijke Orde van de H. Johannes de Doper van het Hospitaal te Jeruzalem". Het werkterrein van de orde breidde zich uit, en in de loop der jaren verwierven zij in tal van landen aanzienlijke goederen (landerijen). In 1282 stichtten zij ook in Sneek een klooster genaamd Sint Jansberg, gelegen op de plaats waar nu de Algemene Begraafplaats is. Verschillende straatnamen in Sneek verwijzen nog naar dit klooster (Johannieterstraat, Kloosterdwarsstraat, Kapelstraat, Priorstraat, etc.) De commandeur (commanderij was de benaming voor een lokale afdeling van de orde) van dit klooster had, conform de oorspronkelijke doelstelling, de opdracht zich over zieken en hongerigen te ontfermen. In de volksmond droeg het klooster de bijnaam Hospitaal of Spitaal (Een huidige straatnaam in Sneek, in de buurt van de Algemene Begraafplaats, verwijst daarnaar, en heet Spitaal).

Het moge curieus heten dat deze kwartierstaat begint en bijna eindigt in dezelfde plaats, namelijk IJlst, een plaats in Friesland die toen al meer dan 150 jaar stadsrechten had, en in 1379 het recht kreeg een weekmarkt en twee jaarmarkten te houden. In 1424 kreeg IJlst het "halsrecht", het recht om zelf zijn misdadigers te straffen. Het stadje is de bakermat van de kwartierdragers en toevallig ook de woonplaats van waarschijnlijk de alleroudste gevonden voorvader. Met meer dan vijf eeuwen, en een zwerftocht door nagenoeg geheel Friesland, daartussen.

515488. Dezelfde als 358176 (19^e generatie).

19. Enkele kenmerken van het voorgeslacht.

Aan het einde van deze lange lijst met voorouders kunnen enkele conclusies getrokken worden.

Het eerste wat opvalt is de uitermate geringe geografische spreiding van de herkomst van het voorgeslacht. Voor zover de geboorteplaats bekend is, zijn ze nagenoeg allen geboren in Friesland. En van dat gewest dan nog uitgesloten de noordelijke grietenijen (de Dongeradelen) en de stad Dokkum. Slechts één tak van het voorgeslacht, voorzover totnogtoe gevonden, is afkomstig uit een ander deel van Nederland, namelijk uit Oost Groningen (no. 44 en verder). Verder zijn een drietal mannelijke voorzaten afkomstig uit wat tegenwoordig Duitsland heet, namelijk de nummers 204, 402 en 1508. Het is dus wel een uitgesproken Fries geslacht. Overigens geldt dit alleen zolang we uitgaan van de in hoofdstuk 4 genoemde kwartierdragers. Als we maar één generatie jonger zouden nemen als kwartierdrager(s) zou het beeld al drastisch anders zijn. De meerderheid van de huidige kwartierdragers trouwde namelijk met niet-Friezen.

Ondanks dit beperkte herkomstgebied is er in de familie maar betrekkelijk weinig sprake van "ïnteelt", dat wil zeggen dat voorouders trouwden met een, al dan niet ver, familielid. In bovenstaande kwartierstaat komen slechts vijf van zulke gevallen voor, namelijk de nummers 12 en 13 (verwanten van elkaar in de 16ᵉ graad), 54 en 55 (kleinzoon en achterkleindochter van dezelfde (over)grootouders), 62 en 63 (achterkleinkinderen van dezelfde overgrootouders, dus achterneef en -nicht), 20612 en 20613 (volle neef en nicht) en last but not least de nummers 2 en 3, Heit en Mem Koopmans, die zelfs drie gemeenschappelijke voorouderparen hebben, namelijk de nummers 1154/1155, 2010/2011 en 8054/8055, die respectievelijk hetzelfde echtpaar vormen als de nummers 844/845, 656/657, en 5596/5597. Ze zijn daarmee familie van elkaar in de zeventiende graad (twee keer) en in de tweeentwintigste graad. Dat kun je nauwelijks nog familieverwantschap noemen. Zie voor verdere details het volgende hoofdstuk. Overigens zijn van de elf kwartierdragers ook tenminste twee getrouwd met verre bloedverwanten, namelijk de nummers 1c en 1i.

Wat betreft de beroepen is de familie min of meer een getrouwe afspiegeling van de maatschappij in hun dagen. Van ongeveer de helft van de mannelijke voorouders is het beroep bekend, en daarvan is weer ongeveer de helft boer (of huisman, landbouwer, veehouder, koemelker), 13% was schipper, 6% was timmerman, en 4% was arbeider. Ongeveer 16% beoefende een ander ambacht (koperslager, kleermaker, bakker, visser, kuiper, zadelmaker, zeemtouwer, wever, smid, etc.) en de resterende 11% had een ander beroep (handelaar, veenbaas, kastelein, predikant, notaris, koopman, chirurgijn, schoolmeester, etc.). Het hoge percentage schippers, in grootte de tweede beroepsgroep, wordt verklaard doordat in Friesland tot in de negentiende eeuw nagenoeg alle vervoer over water ging. Wel lijkt het dat ten opzichte van het gemiddelde de schippers in onze familie enigszins oververtegenwoordigd waren. Verder is het percentage dat boer was waarschijnlijk enigszins vertekend, omdat bij de oudere generaties vaak alleen personen die boer waren gevonden konden worden, doordat zij als eigenaar of gebruiker van land ergens geregistreerd stonden.

Naast hun reguliere beroep hadden de voorvaders ook van tijd tot tijd nevenfuncties in het maatschappelijk leven. Met name bij de oudere generaties (17^e eeuw en eerder) worden deze nevenfuncties soms in de documenten genoemd. Zo komen we tegen burgemeester (destijds een nevenfunctie, 5x), vroedsman (7x), dorprechter (een soort ordehandhaver en geschillenbeslechter op dorpsniveau, 8x), ontvanger van belastingen (12x), bijzitter (mederechter in het Nedergerecht van de grietenij, 4x), gevolmachtigde naar een staten- of andere hogere vergadering, (5x), en verder kerkelijke functies zoals kerkvoogd (4x), ouderling (5x) en diaken (6x). Vooral deze laatste functies zullen ongetwijfeld veel meer zijn voorgekomen, maar werden in de bronnen niet altijd genoemd.

Over de kerkelijke gezindte kan gezegd worden dat de voorouders overwegend protestant waren, althans na 1580. Daarvóór was men officieel rooms-katholiek, zoals nagenoeg de gehele Friese bevolking. In dat jaar pleegden de Staten van Friesland een soort calvinistische machtsgreep. Zij riepen een Landdag bijeen waar alleen aanhangers van het verzet tegen de Spaanse koning welkom waren. Deze Landdag nam in maart 1580 het besluit dat de Roomse eredienst afgeschaft moest worden en alleen de gereformeerde godsdienst werd toegestaan. De Roomse geestelijken werden uit hun ambt ontzet en de bezittingen van de kerk en de kloosters moesten besteed worden voor het onderhoud van predikanten, schoolmeesters en armen. Elk dorp moest een dominee en een schoolmeester aanstellen van de gereformeerde leer. Dit laatste was uiteraard niet zo eenvoudig. Ondanks dit drastische besluit bleven er in Friesland toch nog een flink aantal roomse parochies bestaan, meest in de steden maar ook in een aantal plattelands- enclaves zoals Wytgaard, Roodhuis, Sensmeer (later Blauwhuis), Woudsend, Sint Nicolaasga, Bakhuizen, etc. De indruk bestaat dat er in het algemeen weinig gemengde huwelijken plaatsvonden, zodat er een duidelijke scheiding bleef bestaan tussen roomse en protestantse families. In ons voorgeslacht is één gemengd huwelijk aangetroffen, namelijk de nos, 114 (NH) en 115 (RK). Hun jongste dochter (no. 57) werd evenwel protestant. De doopsgezinde ("meniste") inbreng in de familie is iets groter, zie bijv. de takken Jager en Schuurmans en de voorouders van no. 37. Als een doopsgezinde vrouw trouwde met een hervormde man, werd zij meestal hervormd (nos. 65 en 167). Soms werd een doopsgezind echtpaar hervormd (nos. 208 en 209), mogelijk om een boerderij van de kerk te kunnen pachten. Tenslotte, de overgang van de hervormde naar de (later afgescheiden) gereformeerde kerk was een keuze van overgrootvader Sijmen Pieters Buma (no.10) en grootvader Ruurd Hendriks Koopmans (no. 4), een keuze die zich voortzette tot en met het merendeel van de kwartierdragers.

Dat onze voorouders in de hervormde kerk trouwden en in de hervormde kerk hun kinderen lieten dopen, wil nog niet zeggen dat zij allemaal lid van die kerk waren. Ook niet-hervormden konden in de hervormde kerk trouwen, en voor het laten dopen van kinderen was niet vereist dat men belijdend lid van de kerk was. Het kwam vrij veel voor dat men zich niet aan het opzicht van de kerkenraad wilde onderwerpen en daarom geen belijdenis deed, of pas op latere leeftijd (zie bijv. nos. 32 en 33). Men kwam dan dus niet voor in de lidmatenboeken. Dit verschijnsel komt bijvoorbeeld mooi tot uiting in de floreenkohieren van Baarderadeel van 1640, waar bij de namen van de gebruikers van de landerijen de "godsdienst" is vermeld. We zien daar de volgende termen: gereformeerd, papist, mennonit, twyffeler, neutralist en kerckganger. Deze laatste aanduiding komt het meest voor en slaat op degenen die zich hervormd noemden maar geen belijdend lid waren.

178

20. Bijzondere verwantschappen

In het hoofdstuk "Kwartierverlies" (hoofdstuk 2) is uiteengezet dat hoe verder men met het onderzoek naar het voorgeslacht terug gaat in de tijd hoe groter de kans is dat men tussen twee willekeurige personen een bloedverwantschap ontdekt. Anders gezegd dat die twee personen ergens in het verleden een gemeenschappelijk(e) voorouder of voorouderpaar hebben. Die twee willekeurige personen kunnen ook met elkaar getrouwd zijn. Als het dan een echtpaar uit de kwartierstaat betreft, komen in het vervolg van de kwartierstaat sommige personen twee of meer keer voor, met verschillende nummers. Dit zijn dan gemeenschappelijke voorouders van het bewuste echtpaar.

In deze kwartierstaat verschijnen voor de ouders van de kwartierdragers, de echtelieden Hendrik Koopmans en Minke Jager, zelfs drie gemeenschappelijke voorouderparen. Het zijn Evert Riencks en Trijntje Jans (nos. 844/845 en 1154/1155), die in 1652 trouwden, Sierck Sydses en Hid Leuckes (nos. 4096/4097 en 8054/8055, die trouwden omstreeks 1590, en tenslotte Freerk Goitjes en Meinou Thyssens, getrouwd omstreeks 1650. De stamlijnen, waaruit blijkt dat Hendrik en Minke familie van elkaar zijn in respectievelijk de zeventiende, de twee-en-twintigste en de zeventiende graad zijn vermeld in Bijlage 4.

Behalve bovengenoemd echtpaar zijn er onder de kwartierdragers ook nog tenminste twee die met hun echtgenoot/echtgenote een familieverwantschap hebben. Het zijn de nummers 1c en 1i, die van hun partners familie zijn in respectievelijk de vijftiende en de twaalfde graad (zie Bijlage 4).

De twee willekeurige personen waartussen (verre) familieverwantschap bestaat kunnen, behalve echtelieden, ook zijn de kwartierdragers (of één van hun ouders) en een of andere bekende Nederlander. In ons geval, gezien de geringe geografische spreiding van het voorgeslacht, gaat het dan om bekende Friezen. We hebben hiervan drie voorbeelden gevonden (er zullen ongetwijfeld meer gevallen zijn) namelijk Pieter Jelles Troelstra, die in de dertiende graad verwant is aan Minke Jager, Pieter Sjoerds Gerbrandy, die in de zeventiende graad verwant is aan Hendrik Koopmans, en Tjalling Charles (=Sjoerds) Koopmans, die in de zeventiende graad verwant is aan Hendrik Koopmans en in de veertiende graad aan Minke Jager. Voor de stamlijnen wordt verwezen naar Bijlage 4.

Jentje Everts en Elbrich Gerbens (nos. 268/422 en 269/423) hadden behalve Klaaske (no. 211, voormoeder van Minke Jager) nog andere kinderen, waaronder

179

Jelle. Deze Jelle Jentjes had een zoon Jentje Jelles, en diens zoon was Jelle Jentjes Troelstra. Hij nam in 1811 de familienaam Troelstra aan, aanvankelijk ook gespeld als Teroelstra, en afgeleid van de toemalige woonplaats van de familie, het dorp Teroele in de gemeente Doniawerstal. Deze Jelle Jentjes Troelstra was de overgrootvader van de bekende Pieter Jelles Troelstra, advocaat te Leeuwarden, journalist, Fries dichter, en mede-oprichter en voorman van de SDAP, de vooroorlogse Nederlandse socialistische partij. Hij is daarmee familie van Minke Jager in de veertiende graad en daarmee van de kwartierdragers in de vijftiende graad.

Behalve de kinderen Beike en Jentje had het echtpaar Evert Riencks en Trijntje Jans (nos. 536/1154 en 537/1155) nog een zoon Albert. Deze Albert Everts had een zoon Evert Alberts, die had weer een zoon Gerben Everts, en diens zoon was Jouke Gerbens. Deze Jouke nam in 1811, als enige in Friesland, de familienaam Gerbrandy aan, kennelijk een latijnse versie van het patroniem Gerbens (Gerben = Gerbrand). Jouke Gerbens Gerbrandy was de betovergrootvader van Pieter Sjoerds Gerbrandy, geboren 13 april 1885 te Goëngamieden, advocaat te Sneek, minister van Justitie in het kabinet De Geer in 1939, en minister-president van de Nederlandse regering in Londen tijdens de tweede wereldoorlog. Hij staat in brons op het Schaapmarktplein in Sneek. Hij is dus familie van Hendrik Koopmans in de zeventiende graad en van de kwartierdragers in de achttiende graad.

Tenslotte stamt er nog een prominente Fries af van het echtpaar Jentje Everts en Elbrich Gerbens, namelijk professor Tjalling Charles Koopmans, econoom en Nobelprijswinnaar in 1975, samen met de Rus Kantorovitsj. (De naam Charles zal een "verengelsing" van Sjoerd zijn). We zagen al eerder dat de kwartierdragers nóg een gemeenschappelijke voorvader met Tjalling Koopmans hebben, namelijk Lieuwe Pyters (no. 248). Dat er sprake is van twee gemeenschappelijke stamvaders is het gevolg van het feit dat een kleinzoon van Lieuwe Pyters, namelijk Rients Pieters Koopmans, trouwde met een achterkleindochter van Jentje Everts, namelijk Beitske Alberts. Zij waren de betovergrootouders van Tjalling Koopmans. De familierelatie van Tjalling Koopmans met de kwartierdragers loopt dus langs twee lijnen, één via hun vader Hendrik Koopmans en één via hun moeder Minke Jager. Voor alle duidelijkheid: de familierelatie tussen Tjalling Koopmans en de kwartierdragers heeft niets te maken met het toevallig hebben van dezelfde familienaam Koopmans. Pieter Anes Koopmans (no. 32, de oorsprong van de familienaam van de kwartierdragers) had geen enkele familierelatie met Rients Pieters Koopmans.

180

21. Voornamen en vernoeming.

Wie zich verdiept in zijn voorgeslacht merkt al gauw dat door de geslachten heen heel vaak dezelfde voornamen voorkomen, als een soort repeterende breuk. De oorzaak daarvan is gelegen in een bepaalde traditie om nieuwgeborenen te vernoemen naar hun voorouders, in de eerste plaats de grootouders en vervolgens de overgrootouders, en soms nog verder terug. Er was zelfs, in ieder geval bij de vernoeming van de vier grootouders, een zekere standaardvolgorde (hoewel hiervan ook wel werd afgeweken) en wel als volgt:

Als het oudste kind een jongen was, werd die vernoemd naar zijn grootvader van vaderszijde. Was het een meisje dan werd het vernoemd naar de grootmoeder van moederszijde. Bij het tweede kind was dan de grootvader of grootmoeder van het andere grootouderpaar aan de beurt. En zo vervolgens om en om totdat de vier grootouders "op" waren.

Meer dan vier kinderen was geenszins ongebruikelijk en voor de volgende kinderen ging men dan naar de overgrootouders. Hierbij was men wat minder streng in de volgorde, en kreeg soms een nog levende overgrootouder voorrang boven een al overledene. Deze overgrootouders hadden vaak ook al kleinkinderen die naar hen vernoemd waren. Dat waren dus broers en/of zusters van de ouders, en daarmee ooms of tantes van de boreling. Daardoor kan het dus lijken dat het pasgeboren kind naar een oom of tante werd vernoemd, hetgeen overigens in de praktijk ook vaak zo werd gezien. De oude traditie berust echter in oorsprong op naamscontinuïteit in de rechte lijn van afstamming.

Men deed verder ook niet al te moeilijk over het verschil tussen jongens- en meisjesnamen. De meeste Friese voornamen hebben namelijk een mannelijke en een vrouwelijke vorm, waarbij de tweede de "verkleinwoordvorm" van de eerste is: Jan en Jantje, Geert en Geertje, Jetse en Jetske, Kornelis en Korneliske. Een dergelijke "geslachtsverwisseling" komen we tegen bij onze twee jongste kwartierdragers.

Er zijn nog enkele afwijkende of aanvullende gewoontes bij de naamgeving van jonggeborenen. Zo kreeg, als een eerder geboren kind jong was overleden, en dat kwam heel vaak voor, een volgende kind heel vaak de naam van de overledene. Verder kreeg, als de vader tussen de conceptie en de geboorte was overleden of de moeder in het kraambed stierf, de jonggeborene gewoonlijk de naam van de overleden ouder. Ook was het niet ongebruikelijk dat het eerste kind uit een tweede

181

huwelijk, na overlijden van een van de partners uit het eerdere huwelijk, de naam van de overleden eerste partner kreeg. En tenslotte, als de geboorte van een kind min of meer samenviel met de dood van een grootouder, werd het kind de naam van die grootouder gegeven, ongeacht wie "aan de beurt" was.

Omdat er in feite maar een betrekkelijk gering aantal voornamen in gebruik was, komt er veelvuldig dezelfde naam voor, bijvoorbeeld Jan of Trijntje. De grootouders van vaders- en moederskant konden dus ook gemakkelijk dezelfde voornaam hebben. Meestal werd bij de vernoemingen die naam dan maar één keer gebruikt, maar in oudere generatie komt het voor dat twee broers dezelfde naam dragen. Om ze te onderscheiden gebruikte men dan veelal een toevoeging, zoals "de oude" en "de jonge". Deze toevoeging werd overigens ook wel gebruikt als het om een vader en een zoon met dezelfde voornaam ging. De laatste toevoeging is gewoonlijk de oorsprong van de veel voorkomende familienaam "De Jong".

Tenslotte, als bij de vernoemingen de naam van een grootouder duidelijk afwezig bleef, was dit meestal een aanwijzing dat er in de verhouding iets mis was. Zie bijvoorbeeld de vernoeming van de kinderen van no. 64.

Het is interessant om na te gaan tot hoever terug de voornamen van de kwartierdragers en hun ouders te traceren zijn. Het valt uit de kwartierstaat af te leiden, waarbij rekening moet worden gehouden met de variaties in de schrijfwijze van de namen

Hendrik (no. 2) De naam is terug te voeren tot de vader van no.136, Harmen Hendrix. Deze moet geboren zijn zo rond 1700. De vernoemingslijn omvat dan de volgende nummers uit de kwartierstaat 2 – 8 – 68 – (272), waarvan het laatste nummer dus niet zwart op wit ergens is gevonden doch uitsluitend wordt afgeleid uit het patroniem van zijn zoon.

Minke (no. 3) De oudste gevonden oorsprong van die naam is Meincke Ydes, eveneens geboren rond 1700. De achtereenvolgende kwartierstaatnummers zijn 3 – 15 – 125 – 501.

Froukje (no. 1a) Deze naam gaat terug op Vrouwkjen Rinses, geboren in 1756 in Ureterp. De Froukje-nummers in de kwartierstaat zijn de volgende 1a – 7 – 29 – 119. Bij nummer 29 is er dan het verschil tussen de officiële naam (Anna) en de in de omgang gebruikte naam Froukje (zie de aantekening bij no. 29).

Ruurd (no. 1b) De oudste gevonden verschijning van deze naam is Ruurd Clasen (no. 149). Hij moet geboren zijn rond 1650. De nummerreeks is 1b – 4 – 74 – 149 - - 298.

Elisabeth (no. 1c) Haar naam is terug te voeren op Lijsbet Taekes Schuurmans, geboren 19 december 1819 te IJlst. Dat er in de kwartierstaat geen oudere persoon met die naam is, ligt aan het feit dat Tomas Taekes Schuurmans zijn derde kind en eerste dochter niet naar zijn eigen moeder Trijntje Ottes Wierema vernoemde, die was overleden toen hij 15 jaar was, maar naar de tweede echtgenote van zijn vader, Lijsbet Hendriks Boersma, tot op zekere hoogte dus de pleegmoeder van Tomas, maar die biologisch geen deel uitmaakt van het voorgeslacht. Overigens vernoemde Tomas een latere dochter wel naar zijn echte moeder. De kwartierstaatnummers voor Elisabeth/Lijsbet zijn 1c – 5 – 23.

Doetje (no. 1d) De oudste gevonden persoon met deze naam is Doetje Gabes, geboren omstreeks 1675. De kwartierstaatnummers in de vernoemingenreeks zijn 1d – 13 – 109 - 437.

Tjitsche (no. 1e) Hier is de oudste voormoeder met die naam Tjitske Linses, geboren omstreeks 1660 in Heerenveen. De naamreeks loopt via de volgende nummers 1e – 9 – 73 – 293.

Jeen (no. 1f) Deze naam gaat terug tot de grootvader van moederskant van Jeen Hinnes (no. 3104). Deze grootvader moet omstreeks 1520 zijn geboren. De naam is doorgegeven via de volgende nummers 1f – 6 – 48 – 194 – 776 – 3104 – (12418).

Anne (no. 1g) De oudste nog gevonden persoon van deze naam is Anne Hendriks, in 1713 geboren in Ureterp. De nummerreeks is 1g – 14 – 58 – 236.

Rimmer (no. 1h) Voor deze naam kunnen we teruggaan tot Rimmelt Piers, geboren 14 februari 1724 in Ousterhaule. Hij was het zevende kind van zijn ouders en de verdere oorsprong van de naam kon nog niet worden gevonden. Omdat het tweemaal om de vernoeming van een overgrootouder ging, is er maar één tussenstap en is de nummerreeks 1h – 30 – 120.

Hendrik (no. 1i) Na drie vernoemingen naar de moederskant was het wel weer eens tijd voor een naam van vaderszijde. Maar het reservoir van mannelijke naamgevers was uitgeput. Een betovergrootvader was kennelijk een brug te ver en er was een zekere weerstand tegen het verbouwen van een meisjesnaam voor een

183

jongen (wat later toch gebeurde). Op aandringen van "mem" besloot "heit" de jonggeborene naar zichzelf te vernoemen (en daarmee naar de overgrootvader). De nummerreeks is dus 1i – 2 – 8- 68 – (272).

Geert (no. 1j) Er zat in het kader van de traditie weinig anders op dan toch maar naar een meisjesnaam te gaan, en wel overgrootmoeder Geertje Jacobs de Jong. Er was overigens ook al een tante met die naam (zelfs twee: zowel "heit" als "mem" hadden een zus met de naam Geertje).De oudste gevonden Geertje is Geertje Pieters (no. 191), gedoopt op 1 mei 1733 in Joure. De kwartierstaatreeks van Geert is dus 1j – 11 – 47 – 191.

Eelkje (no.1k) Haar naamgeefster was haar overgrootmoeder Eelkjen Lieuwes Bootsma, hoewel Eelkje ook een tante met die naam had, een kleinkind van de naamgeefster. De oudste persoon met die naam was evenwel een man, namelijk de vader van Pytter Eelckes. De nummerreeks wordt dan 1k – 31 – 124 – (992).

22. De Bronnen.

Tenslotte nog een kort overzicht van de bronnen waaruit de gegevens voor de samenstelling van de kwartierstaat zijn gehaald.

De namen en de daarbij behorende data van geboorte, huwelijk en overlijden, alsmede de gemeente waarin die gebeurtenissen plaatsvonden, zijn voor zover deze data in of na het jaar 1811 liggen ontleend aan de registers van de Burgerlijke Stand, die in dat jaar werd ingesteld. De basisgegevens van de Burgerlijke Stand voor geheel Friesland (en gedeeltelijk ook voor de andere provincies) zijn digitaal via internet te raadplegen, hetgeen het onderzoek heel erg vergemakkelijkt. Behalve van de Burgerlijke Stand kon omtrent de woonplaatsen en de veranderingen daarin vanaf het jaar 1853 gebruik gemaakt worden van de gemeentelijke bevolkingsregisters. Deze zijn overigens niet altijd even volledig. Voor schippers werd als woonplaats meestal alleen vermeld "aan boord", maar niet de naam van het schip. In enkele gevallen zijn aanvullende gegevens ontleend aan de notariële archieven (bijv. met betrekking tot testamenten, boedelscheidingen en koop/verkoop van onroerend goed).

In 1811 werd iedereen verplicht voortaan een vaste familienaam te voeren. De familienamen die toen werden aangenomen (of bevestigd als men al een familienaam voerde) zijn vastgelegd in de Registers van Naamsaanneming. Daarbij werden tevens de op het moment van aangifte aanwezige kinderen vermeld, met hun leeftijden. Deze registers zijn, met uitzondering van die van Leeuwarden, Menaldumadeel, Het Bildt en de Waddeneilanden, bewaard gebleven, en vormen een zeer nuttige bron voor gegevens.

Voor de geboorten (dopen) en huwelijken vóór 1811 zijn er de kerkelijke doop- en trouwboeken. Deze gaan terug tot ongeveer 1650, voor sommige kerkelijke gemeenten wat verder en voor een belangrijk deel minder ver. Een aantal trouwboeken in de grietenij Wijmbritseradeel bijvoorbeeld beginnen pas in 1772. Ze zijn verder niet altijd volledig, omdat er boeken, of gedeelten daaruit, verloren zijn gegaan. Dit betekent dat er soms hiaten in de afstammingsreeks voorkomen, die in een enkel geval met wat raadwerk opgevuld konden worden. Er zijn daarnaast ook nog lidmatenboeken, waaraan de datum van inschrijving als lidmaat (bijv. door belijdenis), soms de datum van vertrek uit de gemeente, of een aanduiding dat iemand is overleden, konden worden ontleend. Echter zoals boven gezegd was lang niet iedereen lidmaat en komt dan dus niet in de lidmatenboeken voor. Het is verder ook niet altijd duidelijk of de in de doopboeken vermelde datum de geboortedatum of de doopdatum is als er maar één datum is vermeld. Er is van uitgegaan dat het in die gevallen de doopdatum betreft. Het kan voorkomen dat de doopdatum enige weken, maanden of zelfs jaren na de geboortedatum ligt.

Er bestaan verder lijsten van overledenen/begravenen van vóór 1811, die echter vóór 1806 lang niet volledig zijn. Voor de periode 1806 tot 1811 zijn ze wat Friesland betreft tamelijk volledig. Een probleem in beide gevallen is dat er zoveel gelijke namen voorkwamen, met name als een naam bestond uit een voornaam met patroniem, zodat niet altijd duidelijk is wie wie is.

In een heel enkel geval bestaat er van de voorouders nog een grafsteen in een oude Friese kerk. De inscriptie daarop, voor zover nog leesbaar, vermeldt dan de sterfdatum. Als het een vrouw betreft wordt dan meestal ook de naam van haar echtgenoot vermeld. Zie bijv. de nummers 208 en 209. Hierbij is dankbaar gebruik gemaakt van de verzameling inscripties samengesteld door Hessel de Walle (zie bijlage 3).

Een extra bron van informatie zijn de quotisatiekohieren 1749. In 1748 werd, na hevige rellen, het verpachten van de belastingen in Friesland afgeschaft. Daarvoor in de plaats kwam in 1749 de "quotisatie", een soort belasting (achteraf slechts eenmalig) geheven op basis van draagkracht en consumptie, vastgesteld naar uiterlijke tekenen van welstand en naar gezinsgrootte, gesplitst in personen boven 12 jaar en kinderen beneden 12 jaar. De quotisatiekohieren zijn bewaard gebleven. Zij geven per plaats de namen van de gezinshoofden, met daarbij in de meeste gevallen het beroep en/of de welstandskwalificatie, de gezinssamenstelling en het bedrag van de aanslag. Uit dit bedrag kan ongeveer de toenmalige welstand van de betrokken persoon worden afgeleid. De quotisatiekohieren zijn dus met betrekking tot de voorouders die in dat jaar gezinshoofd waren een welkome bron van informatie.

Van enkele grietenijen zijn verder de zogenaamde speciekohieren bewaard gebleven. Deze bevatten de registratie van de inning van de "vijf speciën". Van ouds werd deze inning verpacht, maar sinds 1748 tot 1806 werden deze belastingen gebundeld per kohier ingevorderd. De vijf speciën waren: het hoofdgeld (een vast bedrag per persoon vanaf 12 jaar), het schoorsteengeld (een vast bedrag per schoorsteen), het hoorngeld (per volwassen koe), het "gezaai" (een heffing op akker- en tuinbouwgronden), en het paardengeld (een bedrag per paard). De speciekohieren bevatten gegevens over de woonplaats, gezinssamenstelling en wanneer iemand is overleden.

Een verdere aanvullende bron van informatie zijn de bewaard gebleven geschriften omtrent de handelingen van de Nedergerechten in de verschillende grietenijen. Hierin komen o.a. voor:
- autorisaties: benoeming van curatoren/voogden over minderjarigen en/of toestemming voor bepaalde rechtshandelingen door curatoren;
- weesboeken: registratie van het beheer van bezittingen van weeskinderen;
- proclamatieboeken: registers waarin verkopingen van onroerende goederen zijn vastgelegd;
- hypotheekboeken: registratie van financiële verplichtingen van velerlei aard.
Uit de gegevens in deze geschriften kunnen soms bepaalde familierelaties worden afgeleid, en veelal een datum waarop iemand was overleden of nog in leven was.

Ten behoeve van de heffing van belasting op land werden eigenaars en gebruikers geregistreerd in de zogenaamde floreenkohieren. Vanaf het jaar 1700 werden deze kohieren in geheel Friesland uniform samengesteld uit daarvóór reeds bestaande oudere documenten. Om de 10 jaar werden de kohieren aangepast. De floreenkohieren bevatten, aan de hand van een plattegrond met perceelnummers, de grootte, het bedrag van de aanslag, de naam van de eigenaar, de naam van de gebruiker, en een korte omschrijving van het perceel. In 1832 werd deze registratie omgebouwd tot het huidige kadaster. Daarnaast bestonden sinds 1640 de zogenaamde stemkohieren. Deze waren een uitvloeisel van de bepaling uit 1640 dat voortaan alleen de eigenaars van stemdragende boerderijen mochten stemmen, waarbij iedere boerderij voor één stem telde. De eerste revisie vond plaats in 1698, en sindsdien lopen de floreen- en de stamkohieren nagenoeg parallel. Omdat een aanzienlijk percentage van de voorouders boer was, kunnen deze kohieren dienen om na te gaan waar zij precies boerden en in welk jaar zij nog, of niet meer, leefden. Een gelukkige bijkomstigheid hierbij is dat in de kohieren niet alleen de naam van de eigenaar werd vermeld, maar ook die van de "gebruiker" (pachter of meijer).

Nog een andere bron zijn de Registers van de Personele Impositie uit 1578. De Personele Impositie was een belasting die geheven werd op het dragen van zijden en fluwelen kleren, een soort weeldebelasting dus. De registers geven per plaats alleen de naam van de belastingplichtige en het verschuldigde bedrag. De minder gegoeden, die geen belasting hoefden te betalen, werden, met enkele uitzonderingen (zie bijv. no. 12776) niet in de lijsten opgenomen. In ieder geval kan van een gering aantal voorouders hiermee worden nagegaan of zij in 1578 al volwassen waren, nog leefden en tot de gegoeden behoorden.

Een zeer belangrijke bron van informatie is het door andere genealogen verrichte onderzoek. Zoals in hoofdstuk 1 uiteengezet lopen er heel wat mensen rond die voor een deel dezelfde voorouders hebben als de kwartierdragers in dit geschrift. En onder die mensen zijn er altijd die ook aan voorouderonderzoek doen, en, nog belangrijker, de gegevens van dat onderzoek door publicatie ook aan anderen beschikbaar stellen. Zo zijn een groot aantal kwartierstaten van Friese families gepubliceerd in het Frysk Kertiersteateboek (Uitgave Fryske Akademy 1996). Daarnaast stellen velen hun gegevens ter beschikking van andere publicerende instanties, waarvan de bekendst is de De Kerk van Jezus Christus van de Heiligen der Laatste Dagen (The Latter Day Saints, oftewel de Mormonen), die miljoenen namen op hun website hebben gezet, overigens vaak onvolledig en niet altijd even betrouwbaar. En tenslotte zijn er ettelijke personen die zelf de resultaten van hun onderzoek op een eigen website publiceren. In dit geschrift is op vele plaatsen van dit werk van anderen dankbaar gebruik gemaakt. Waar dit nieuwe, (nog) niet door eigen onderzoek gevonden gegevens opleverde is dit met een asterisk (*) aangegeven en de betreffende bron vermeld in bijlage 3.

Tenslotte nog een algemene opmerking. Er moet met betrekking tot de juistheid van de in dit document vermelde informatie altijd een zeker voorbehoud worden gemaakt. Van heel veel gegevens, met name als het gaat om de heel oude gegevens, kan niet met absolute zekerheid worden vastgesteld dat ze juist zijn. Vaak gaat het dan om een meer of minder grote mate van waarschijnlijkheid, of om een beredeneerde veronderstelling. Vaak is de waarschijnlijkheid van een vermoede ouderrelatie gebaseerd op een combinatie van het patroniem (= de voornaam van de vader van een bepaald persoon) en de namen van de kinderen, die ingevolge de traditie veelal vernoemd zijn naar hun grootouders of overgrootouders. Als er sprake is van een beredeneerde veronderstelling, wordt dit in de tekst aangegeven. Hoe het zij, er moet altijd rekening worden gehouden met de mogelijkheid van correcties.

Bijlage 1.

Alfabetische lijst van in de kwartierstaat voorkomende personen

(De nummers verwijzen naar het nummer in de kwartierstaat).

Abes
Heertzen   1004
Rints   251
Abrigh
Albertjen   357
Adgers
Hiske   3991
Aedes ?
Aane   258
Aegges
Jan   2792
Aelckama
Tiaerdt Dioertszn   10306
Aelses
Sytske   837
Aennes
Siurdt   5592
Aerns
Jencke   3376 en 4616
Aesges
Aesge   12304
Oene   6152
Aetses Edses
Sepck   1731 en 3523
Ages
Feite   1006
Geertje   1661
Jets   1339
Klaas   132
Sake   884
Wijbe   1994

Wybe	698
Ailkes of Ajolts	
Derk	178
Alberts	
Folkert	98
Geert	420
Mary	12307
Mayke	1689 en 2309
Sjoerd	3560
Swaantje	155
Timentie	2983
Tjamke	393
Alcama	
Diuerd Ymes	644
Diurd Imeszn	2576
Ime Diurds	1288
Ime Igeszn	5152
Alckema	
Dioert Tyaerdtszn	20612
Dyoerd	82448
Tyaerdt Dyoerdtszn	41224
Algera	
Jelcke Beedr.	2785
Alles	
Bintje	6391
Alles?	
Hiltje	289
Ammama	
Aef Sytses	6153
Herne Sytses	24612
Herne Tjercks	98448
Sytse Hernes	12306
Sytse Hernes	49224
Tjerck	196896
Anes	
Bauk	129
Annema	
Sijtske Hendriks	59
Annes	
Anne	828

Coert	1534
Hendrik	118
Hiltie	563
Luytsen	936
Michiel	414
Pytter	998
Sibbeltje	175
Trijntje	641
Wierd	6640 en 7072
Wijtske	117
Anskes	
Alle	72
Gerrit	576
Arens	
Szjouk	313
Ariens	
Lysje	653
Arjens	
Riemke	163
Asinks	
Ajolt	356
Ates	
Ekke	172
Attes	
Maeycke	801
Atzes	
Gerryt	506
Auckema	
Bauck Oenes	44773 en 64437
Auckes	
Tryn	417
Aukes	
Claes	1728 en 3520
Geyske	229
Ruurd	74
Thys	296
Baarda	
IJsbrand Johans	510
Baernds	
Gabbe	30912

191

Jelle	123648
Bakker	
Aukje Rimmerts	45
Barredr.	
N.	15457
Barresz	
Ricolt	3864
Barteles	
Hinke	669
Bartels	
Antje	445
Gosse	1730 en 3522
Bartheles (Wolsma)	
Meyncke	1511
Bartles	
Hette	1336
Bauckes	
Jentie	580
Sijbren	652
Baukes	
Antje	1283
Eelke	190
Baukesz	
Dirk	320
Beerents	
Jennigje (Janneke)	115
Beerns	
Doede	654
Harmen	460
Jan	922
Beernts	
Trijntje	513
Bennes	
Ebdye	6214
Ebdye	24856
Bentesz.	
Folkert	193194
Berendsdr.	
Jacobien	1935

Berents
Jacob	88
Rixte	177

Bijlsma
Jeltje Folkerts	49

Binnerts
Age	3322

Bobbinga
Here Takes	96598
Jouwer Heresdr.	48299

Boelens
Grietje Gerrits	63
Grietje Thomas'	511

Boeles
Thomas	1022
Tuentje	3011

Bontjes
Pieter	242

Bootsma
Eelkjen Lieuwes	31
Eeltje Lieuwes	124
Lieuwe Eeltjes	62

Bouckes
Trijn	1769

Bouwes
Antje	585
Elbregtje (Elbrig)	105
Grietje	401
Wobbe	6154

Boyens
Pieter	872

Breutricx
Goytzen	1312 en 4012

Brinksma
Jan Hendriks	206

Broers
Keele	663

Broersma
Douwe Obbesz	6412
Obbe Douwesz	3206

193

Wybrich Obbes	1603
Brouwer	
Goye Gerbens	182
Jeltje Gooyes	91
Brugts	
Hendrick	84
Hendrik	336
Jeltje Reintjes (Rintjes)	21
Reintje (Rintje) Hendriksz	42
Bruijnsma	
Bouwe Tietes	996
Wybe Bouwes	498
Bualda	
Aef Everts	6039
Evert	12078
Buma	
Birde Holkes	358176 en 515488
Birde Sibolts	89544 en 128872
Elizabeth Sijmens	5
Feike Durks (of Dirksz)	160
Grietje Pieters	35
Pieter Feikes	80
Pieter Sytses	20
Seerp Sybolts	22386 en 32218
Sibolt Birdes	44772
Sibolt Birdes	64436, 179088 en 257744
Sijmen Pieters	10
Sytse Pieters	40
Buwama	
Egbert Syurds	44546
Buwes	
Buwe	802
Buwe	1604
Tyete	1992
Byckes	
Bycke	1691 en 2311
Claas	
Herzen	4016
Claeses	
Joost	1340

Clasen

Jeltje	797
Ruurd	298

Clases

Trijn	3323
Wypkjen	171

Cleybeckero

Gerardo	3990

Cnossen

Jeltje Johans	87
Johan Siercks	174
Johan Siercks	696
Sierck Johans	348
Sierck Johans	1392

Cnossens

Johan Upckes	2784

Coerts

Sydts	767

Cornelis

Hendrik	412
Meinsk	381
Tetman	836
Uilk	507

Croles

Maaike Pieters	83
Pieter Jelles	166

Derks

Aaltje	89

Dijkstra

Sjoukjen Ages	33

Diorres

Fouk	4017

Dircks

Feick	2675
Johannes	1532

Dircksdr.

Anna	3377 en 4617
Tryn	1933
Wijbrich	12827

Dirckx
Jan   2982

Dirks
Antje   383
Baucke   640
Foekje   1781
Jurien   2560
Oetske   2015

Doededr.
Uilck   5595

Doedes
Ynske   327

Doem
Michiel   642

Doems, van
Mayke Michiels   321

Douwes
Anske   1152
Griet   3321 en 3537
Harmen   134
Hette   334
Hitje   351
Holcke   744
Jan   566
Sioukjen   493
Take   51296
Tjeerd   384
Trijntje   221
Upke   582

Douwesz
Obbe   12824

Drewes
Jan   6388

Durks
Jan   756

Duurdsz
Pieter   322

Ebdyes
Benne   12428

Ebedr.
Saak   2333
Ebses
Jouck   3107
Eelckes
Anne   13280 en 14144
Pytter   496 en 504
Eelckesdr.
Weenck   30915
Eelkes
Bauke   380
Eeuwes
Liebbe   12310
Eeuwes (Juuws)
Aegge   5584
Egberts
Berent   354
Egbertje   22273
Geeske   1545
Jantjen   475
Wiltje   12311
Eibrens
Sjoukjen   337
Eisma
Sjoukjen Geerts   123
Ekkes
Sijmen   86
Engberts
Neeltie   469
Tjeerd   6210
Engeles
Lolke   1398
Engles
Pieter   382
Ennes (Ynnazn)
Keimpe   44752
Entes
Lou   740
Weltje (Welmoed)   185

197

Essen, van
Doetje Sjoukes	13
Sjouke Tijmens	26
Tijmen Sjoukes	52

Etedr.
Gats	11139

Everts
Anne	234
Beike	577
Jelle	796
Jentje	422
Wessel	474

Eyts
Geert	246

Fabers
Christijn Cornelis'	6021

Feddes
Iebel	1539
Sjoerd	602

Feites
Age	2012

Feytes
Gerbrich	503

Ficken
Antje Cornelis'	201
Cornelis	402

Foekema
Ytje Pytters	499

Fogelsangh
Dirck Gerrits	48298
Gerrit Jans (Janckes?)	96596
Hes (Hiske) Dircks	24149
Rommert Wpckes	3018
Titie Rommerts	1509
Ytje Rommerts	6037

Fokkes
Gepke	359

Folckerts
Atte	1602
Bente	386388

198

Jacob	3154
Folkerts	
Antje	197
Bartel	2672
Claas	342
Minke	243
Folkertsdr.	
Syts	96597
Folperts	
Oege	24610
Foockes	
Rinthie	3106
Fooclesdr.	
Bauck	10307
Fortuin	
Anske Alles	36
Margjen Dirks	189
Ruurd Anskes	18
Tjitske Ruurds	9
Freercks	
Nanne	128
Freercx	
Rint	1005
Tryn	1317
Freerks	
Antje	65
Douwe	1488
Mathijs	328
Gabbes	
Lieuwe	15456
Gabes	
Doetje	109
Doetje	437
Gatses	
Taeckle	2332
Geerts	
Bouwe	210
Gerrit	142
Jan	448
Janke	247

Thys	3152
Tjepke	112
Gepckes	
Watze	6020
Gepkes	
Corneliske	1505
Gerbens	
Elbrich	423
Jan	898
Gerckes	
Sieuke	6389
Gerkes	
Tryntje	413
Gerrardi	
Rintk	1995
Gerrits	
Engbert	938
Gertje	71
Grietje	143
Jan	288
Otte	746
Pyttie	765
Rinck	1153
Gerryts	
Albert	24614
Tietdske	253
Gjolts	
Tjitske	1777
Goitjes	
Freerk	656 en 2010
Gooyes	
Tomas	728
Gosses	
Antje	269
Ate	344
Ebel	3195
Saeck	865 en 1761
Haitsedr.	
Jesel	2787

Hanses
Antje 1393
Hanzes
Antje 169
Harmens
Dooitske 67
Grietje 297
Hiltje 937
Hindrik 68
Lammert 790
Staas 2962
Harmensdr.
Aelcke 6413
Hartmans
Meijnu 459
Haukes
Rimmert 90
Haukx
Ybeltje 361
Hayes
Jelcke 3192
Jitse 798
Hebbes
Reynder 358
Heeres
Antie 791
Ype 692
Helbig
Christian Konrad 204
(Eva) Maria Rosina Martinus' 51
Martijn 102
Hemkes
Durk 76
Popke 304
Hendricks
Aesghe 24608
Aath 3091
Bouwe 12308
Geert 6304
Jan 1544

Pyter	280
Waltie	603
Hendriks	
Anne	236
Antje	387
Brugt	168
Eyte	492
Grietje	799
Jacob	444
Linse	146
Meinte	584
Pieter	70
Sijtske	235
Theunis	308
Tjitske	107
Trijntje	111
Hendriks De Jonge	
Hendrik	1598
Hendriks De Olde	
Hendrik	3196
Hendriksdr.	
Doedtie	1289
Hendriksma	
Jetske Pieters	17
Pieter Hendriks	34
Hendrix	
Harmen	136
His	277
Henrix	
Jan (Johannes)	1284
Hermens	
Berend	230
Hertmans	
Hertman	918
Hertsens	
Abe	502
Herzens ?	
Abe	2008
Hessels	
Ippe	278

Rimmert	720
Trijn	69
Hettes	
Auck	2673
Douwe	668
Neeltje	167
Heul, van der (of Verheul)	
Maria	6415
Hiddes	
Jetse	6038
Hilles	
Hotske	145
Hillis	
Hotsche	581
Hinnes	
Jeen	3104
Holkes	
Jan	372
Hommes	
Antie	203
Maaike	223
Hoppes	
Saakjen	153
Hylckes	
Grietje	1605
Ides	
Sydtske	1023
Idses	
Hans	2786
Idsz.	
Jeyp	9394
Iedema	
Jaen Iedes	666
Maeyke Jaans	333
Innes	
Pieter	660
Jacobs	
Aalcke	1577
Aef	12081
Aukjen	181

Folkert	394
Freerk	256
Hendrik	222
Jacob	114
Jan	1690 en 2310
Marij	1007
Mayke	257
Meino (of Meinu)	57
Trijntje	371
Trijntje	595
Ynse	480
Jacobus'	
Schelte	244
Jager	
Jeen Sipkes	6
Jeen Tjeerds	48
Minke J.	3
Sipke Tjeerds	12
Tjeerd Douwes	96
Tjeerd Jeens	24
Jager, de	
Sibbeltje Simons	43
Jakkeles	
Attie	1515
Jans	
Aafke (Aukje)	195
Aaltje	789
Aegge	1396
Anske	144
Antje	157
Antje	695
Auke (Ocke)	353
Baefke	343
Bartel	3460 en 7044
Dieuwke	737
Dirk	378
Feddu	233
Folkjen	449
Geert	224
Gertje	103

Gooikjen	101
Hessel	138
Jacob	512
Janneke	239
Jel	461
Jochem	3008
Jouke	508
Karst	758
Lamke	753
Marrichjen	759
Meinke (Minke)	125
Meynt	3194
Nolke	4026
Oene	772
Otte	186
Paulus	1600
Richtke	1491
Saak	1599
Sioerdt	2674
Siouw	2981
Symen	694
Sytse	500
Timmeltie	745
Tjal	283
Trijntje	845 en 1155
Trijntje	213
Trijntje	127
Wessel	106
Yttje	219

Jansdr.

Aeltien	3867
Hiltien	967
Trijntje	2577

Jansen

Jan	202
Jan	5154

Jansz

Harmen	12826

Jaspers

Houck	891

Jeens

Jeltje	97
Molle	388
N.	6209
Tjeerd	1552

Jelckes

Haye	1596

Jelledr.

Wyb	659

Jelles

Baernd	61824
Claas	398
Claaske	847
Ids	757
Stijntje	217 en 441
Taeth	763
Thomas	11138
Tziets	305
Ydtie	665

Jelmers

Kornelis	762

Jelmersdr.

Tryn	2793

Jenckes

Rienck	1688 en 2308
Wythie	2368

Jennes

Houkje	1783

Jentckes

Auke	592

Jentjes

Hille	290
Klaaske	211

Jetses

Hidde	12076
Jasper	1782
Richtje	141

Jetzes

Thomas	368

Jeyps
Jel	4697
Tieerdt	1174

Jitses
Sieuwke	399

Jochums
Antje	209
Jan	108
Pyter	220

Joekes
Aaltje	77

Johannes'
Dirk	766
Engeltje	3555
Reintse	238
Sydts	1535
Thomas	396
Trijntje	697
Ulbe	562

Johannesdr.
Aef	1185

Johannis
Ath	11137
Eeuwkje	1533
Mootske	79

Jong , de
Geertje Jacobs	11
Jacob Jacobs	22
Jacob Jacobs	44

Joostes
Antje	2681
Klaas (Claes)	670

Jouckes
Auck	919
Gosse	6390
Saak	583

Joukes
Jan	254

Jurriaans
Sydts	6040

Jurriens
Dirk 1280
Kamstra
Albert Durks 38
Durkjen Alberts 19
Karstes
Aaltje 379
Keimpes
Sipcke 22376
Kerskes
Sybbren 688
Klaeses
Sytse 648
Klases
Age 66
Akke 335
Jeltje 199
Jochum 216 en 440
Pieter 864 en 1760
Rinskjen 183
Knossens
Aene Johans 11136
Johan Upckes (Toe) 22272
Johan Upkas (Toe) 89088
Upcke Aenes 5568
Upka Johans (Toe) 44544
Uupca Johannis' (To) 178176
Koopmans
Aede Pieters 16
Hendrik Aedes 8
Hendrik Ruurds 2
Pieter Anes 32
Ruurd 1
Ruurd Hendriks 4
Kornelis
Trijntje 999
Kroeles
Jelle Pieters 332
Kroles
Anne Poppes 1328

Kroles Krolis
Pieter Annes   664
Lamberts
Jantien   3153
Lammerts
Jan   1490
Waabke   395
Laquart
Auck Gysbertsdr.   3207
Gysbert Hans   6414
Lasis
Jacob   2014
Leuckes
Hid   5597 en 8055
Liebbes
Assel   6155
Lieuwesz
Barre   7728
Linses
Tjitske   293
Linzes
Tjitske   73
Lolckema
Foeckel   164902
Somrich Foeckelsdr.   82451
Lolckes
Jets   699
Pyter   1316
Lolkes
Trijntje   279
Trijntje   329
Lous
Ente   370
Ente   1480
Loyenga (Luyinga)
Antje Hermanus'   667
Luytiens
Evert   468
Marines (of Mulder)
Anna (of Froukje) Annes   29

Martens
Aatje	3561
Bartel	890
Harmen	594
Hendrikje	3009
Martentie	151
Saeck	3461 en 7045
Thomas	392

Matijsen
Pyter	164

Meijes
Hille	1162

Meines
Heije	137

Meintes
Hendrik	292

Meints
Sieuwke	1597

Metsma
Enne Wytses	5594
Syds Ennes	2797

Meynts
Drewis	12776

Michieldr.
Sibbeltke	1285

Michiels
Aukjen	829
Gabe	218
Grietje	207
Rinske	873

Molenaar
Maria Rosina	205

Molles
Antje	777
Jeen	194

Montes
Wobbe	7132

Muirling
Jochum Piers	752
Pier Jochums	1504

Mulder (of Marines)
    Anne Wiebes   58
Muurling
    Balthazar Willems   188
    Geertje Willems   47
    Willem Balthazars   94
    Willem Hendrik Jochums 376
N. (patroniem c.q. familienaam onbekend)
    Anna   89545 en 128873
    Bauck   9395
    Bernske   96599
    Ferdu   22377
    Griettie   497 en 505
    Jetz   485
    Leeucke   11194 en 16110
    Lioets   98449
    Mein   7729
    Rixt   24613
    Sjouckjen   6211
    Trijn   1281
Nammes
    Sikke   886
Nannes
    Ane   64
Netten , van
    Anne Jacobs   14
    Froukje Annes   7
    Jacob Piers   28
    Pier Tjipkes   56
Nolkes
    Hid   2013
Nutterts
    Poppe   482
Ockes
    Sjoerd   150
    Ulcke   600
Oeblis
    Sjoukjen   135
Oedsdr.
    Martsen   3865

Oedses
    Jitske   389

Oegedr.
    Tijed   12305

Oenes
    Acke   1167
    Aukje   769
    Sipke   386
    Sytse   3076

Oepkes
    Antje   291

Oetses
    Jacob   488

Oldendorp
    Balster (Balthazar)   754
    Balthasar   3016
    Joost Balsters   1508
    Tijttie   377

Onbekend
    (Vader van onecht kind)   228

Orcks
    Myns   3023

Ottes
    Aefke   373
    Frouck   509

Paulus
    Sipke   200
    Sipke   800

Pettertilla
    Aefke Jetses   3019

Pieckes
    Tiaerd   2676

Piers
    Eeuck   481
    Jetske   721
    Martjen   187
    Mayke   369
    Rimmelt   120
    Sydse   11192 en 16108
    Trijntje   113

Tyttie	225
Wytske	1329
Pieters	
Antje	3457 en 7041
Claes	432 en 880
Doetje	747
Geertje	191
Jelske	643
Lysbeth	323
Michiel	436
Trijntje	121
Yte (of Yttie of Ytje)	161
Ytie	645
Pietersz.	
Janke	193192
Popes	
Hendrik	888
Popkes	
Hemke	152
Roel	156
Poppes	
Japikjen (Jacobje)	241
Tryn	601
Pyters	
Hendrik	140
Janke	1163
Jochum	110
Lieuwe	248
Lolke	658
Sioucke	416
Pytters	
Antje	403
Engele	764
Gerryt	126
Linse	586
Pytter	252
Reyn	330
Pyttersz	
Dirck	3866

R.

Welmoed	741
Reinders	
Wypke	179
Remckes	
Gele	355
Renckedr.	
Eets	11189
Reyns	
Kiele (Corneliske)	165
Wpcke	6036
Ricolts	
Seerp	1932
Riencks	
Evert	844 en 1154
Neeltje	671
Rimmerts	
Yft	360
Rinses	
Froukje	119
Rinthies	
Jeltie	1553
Sipcke	1546
Roelfs	
Tjakke	352
Roels	
Popke	78
Popke	312
Rommertha Rommertsma	
Barre	30914
Rommerts	
Yscke	24148
Rutgers	
Jelle	1514
Ruurds	
Feikjen	37
Tietje	149
Ruyrdts	
Rinck	1993

Ryckelts
Hiltie483
Ryoerdts
Tyedger61826
Saeckes
Age1768
Saeckeszn
Sytse1660
Sakes
Douwe442
Geertie415
Schagen
Syds Michiels1510
Ympkjen755
Scheltes
Johannes122
Lysbet489
Schurmann
Agnes3017
Schuurmans
Feykjen Wessels53
Lysbet Taekes23
Taeke Thomas'46
Taeke Thomas184
Thomas Taekes92
Seerps
Hid1399
Marij11193 en 16109
Oeds7730
Ryckelt966
Sibolts
Aefke803
Sickama ?
Reijnske178177
Sickes
Antje435 en 883
Jetse282
Siedses
Aukje7133

Siegers

Giolt	3554
Wybe	116

Siercks

Fed	173

Sierks

Jets	4027
Seerp	2798

Sierksdr.

N	2561

Sierx

Dirk	4030

Sijbes

Trijntje	325

Sijbolds

Jan	276

Sijbrens

Arjen	326

Sijmens

Acke	347
Aucke	458

Sijmens Broecksma

Maaike	419

Sijtses

Tjepke	324

Sikkes

Trijntje	443

Sioerdts

Engele	2796
Lieuts	1337

Sipckes

Aetse	3462 en 7046
Ded	2349
Rinthie	3090
Sjouckje	773
Wittie (Wytse)	11188

Sipkes

Paulus	400
Sjoukje	193
Teatske	1601

216

Sirixz
    Etha   22278
Sjoerds
    Aafke   301
    Auke   3456 en 7040
    Gerben   846
    Grietje   85
    Marten   1780
    Pope   1776
    Rints   729
    Teetske   75
    Wybe   464
Sjoukes
    Tymen   208
Staases
    Geyske   1481
Sybbrens
    Hiltje   345
Sybes
    Elske   1729 en 3521
Sybolts
    Jelle   1330
Sybrens
    Oene   2334
Sydses
    Michiel   3020
    Sierk   5596 en 8054
    Wypck   887
Sydts
    Jurrian   12080
Sygers
    Antje   465
    Janke   147
Symens
    Hylck   1331
Sythies
    Jeen   12418

Sytses
    Jan   250

Oene	1538
Saecke	830
Trijntje	81
Sytsma	
Jimck	41227
Taeckes	
Douwe	25648
Taeckles	
Joucke	1166
Taedes	
Tetke	3021
Takama	
Dow (Douwe)	102592
Takles	
Gatse	4664
Teeckes	
Tryn	885
Tetmans Hoefsma	
Jochem	418
Theunis	
Antje	3567
Joeke	154
Thoenis	
Lammert	2980
Thomas	
Albert	196
Ysbrand	198
Thomasdr.	
Mints	5569
Thomasz	
Jan	1934
Thyssen	
Auke	148
Hylk	593
Thyssens	
Meinu	657 en 2011
Thysses	
Jacob	788
Thys	1576
Tiaerdts	

Jeyp	2348
Tiaerdt	4696
Tieerdts	
Tryntie	587
Tjakkes	
Berent	176
Tjeerds	
Auckjen	3105
Bartle	1338
Douwe	192
Douwe	768
Jeen	776
Sjoerd	170
Tjepkes	
Antje	649
Grytje	831
Sijtse	162
Toenis	
Barber	899
Tomas	
Gerben	364
Jetze	736
Tyaerdtsdr.	
Fenne	5153
Tyedgerdr.	
N.	30913
Tymens	
Sjouke	104
Tymensdr.	
Aeltie	5155
Tyssen	
Jeltje	365
Tzernes	
Hincke	2677
Ubles	
Anne	1282
Hinne	6208
Uilkes	
Ocke	300

Ulbes
Beyts 281
Vellinga
Janke Johannes 61
Venema
Gabe Jans 54
Stijntje Gabes 27
Visser
Minke Rimmelts 15
Pier Rimmelts 60
Rimmelt Piers 30
Waetses
Gepke 3010
Walma
Hots Teedes 331
Korneliske Taedes 41
Taede Pyters 82
Tede Tjebbes 662
Weersma
Meinskjen Eelkes 95
Wellinga
Geertje Sipkes 25
Paulus Sipkes 100
Sipke Paulus 50
Wessels
Froukje 237
Jan 212
Wierds
Saecke 3320 en 3536
Wierema
Trijntje Ottes 93
Wijbes
Anne 350
Sijtske 997
Willems
Dirck 6754 en 9234
Hendrickje 1547
Sijke 245
Willems (Wilms)
Styne 231

Wilts
  Auck   3193
  Eeuwe   24620
Wobbes
  Hiltje   12309
  Jenne   3566
  Lisck   3077
Wolfsma
  Bartele Reyners   3022
Woude, van der
  Trijntje Jochums   55
Wybes
  Jantjen   133
  Jel   1397
  Jel   349
  N.   12777
  Syger   232
  Tjitske   249
Wybrens
  Claes   2680
Wythies
  Jencke   1184
Wytses
  Swaantje   3463 en 7047
  Wytske   433 en 881
Ydes
  Meincke   501
Ydses
  Eemck   2799
Yfts
  Hauk   180
Ynses
  Pier   240
Ypema
  Dyoerdt   82450 en 82452
  Frouck Ruierdsdr.   20613
  Ruierd Dyoerdtszn   41226
  Wyb Dyoerdtsdr.   41225
Ypes
  Jelle   434 en 882

Bijlage 2.

Alfabetische lijst van in de tekst genoemde personen die geen deel uitmaken van de kwartierstaat.

(De nummers verwijzen naar de pagina)

Aalten, Elisabeth, 15
Aerns, Aede, 151
Aerns, Eelcke, 151
Abes, Antke, 106
Abes, Fou, 106
Abe,s Marij, 106
Abes, Oetske, 106
Ages, Hharmen, 48
Ages, Jantje, 48
Ages, Jelle, 114
Ages, Nolke, 126, 140
Ages, Tedt, 130
Alberda, Beitske Alberts, 236, 237, 238
Alberts, Evert, 235
Alcama,: Hendrik Ymes, 112
Alcama, Yme Diurts, 112
Alcama, Yttie Djurts, 112
Alcama, Hendrik Diurts, 112
Algera, Jetske Sjoerds, 235
Allis, Atte, 109
Anes, Hendrik, 46
Anes, Trijntje, 63
Annes, Leentje, 72
Annes, Pieter, 37
Ansckes, Anscke, 114
Asselman, Sjoukje, 238

Bangma, Hittje Piers, 121
Bartles, Jelle, 67
Benedix, Syouck, 127
Bijlsma, Jan Folkerts, 42

Grevenstein, Henricus, 45
Habsburg, Karen van (Karel V), 170
Hagenbeek, Willy Jacoba, 15
Hanties, Tryn, 92
Harings, Uite, 115
Hartkamp Joukje Hendriks, 33
Heerdts, Dieu(w)ke, 62, 120, 122
Heijns, Sijmen, 71
Heins, Romke, 64
Hendriks, Pieter Hendriks, 38
Hendriksma, Hessel Pieters, 39
Hesseling, Gerrit, 72
Hettinga van, 115
Hilles, Jouck, 109
Hilverda, Tjitske Klases, 238
Hoekstra: Pieter Geerts, 43
Hoites, Pieter, 114
Holwerda, Lieuwe, 13
Hotses, Claes, 114
Hoytema, Hoijte Tites, 144, 145
Huisman, Hille Fokeles, 31
Huisman, Roelof Fokeles, 31
Huisman. Hille Hilles, 31

Jacobs, Beern, 108;
Jacobs, Grietje, 97;
Jacobs, Jan, 108;
Jacobs, Laas, 126
Jacobs, Tjaltje, 58
Jager, Eelkje, 24
Jager, Sipkje, 24
Jager, Sjouke Sipkes, 24
Jager de, Akke Simons, 41
Jans, Gerrit, 61
Jans, Jan, 132
Jans, Lammert, 132
Jans, Meinu, 106
Jans, Pieter, 102
Jans, Ulbe, 90
Jansen, Jan, 132

Jeens, Meinte, 125
Jelles, Ded, 92
Jelles, Jentje, 234
Jentjes, Gerben, 236, 237
Jentjes, Jelle, 234
Jetses,Meins, 114
Johannes' Rintie, 52;
Johannes', Sjoukje, 39
Jong de, Albert Sjoerds, 27
Jong de, Bouwe Tysses, 31;
Jong de, Jan Jans, 53
Jong de, Jacob Jacobs, 28
Jong de, Joukje Jacobs, 33
Jong de, Okjen Taedes, 236, 237, 238
Jong de, Rimmert Jacobs, 33
Jongbloed, Pier Aukes, 57
Jonkman, Trintje Alberts, 234
Joustra, Rigtje Sjoerds, 236, 237

Kamstra, Aaltje Alberts, 32
Kanninga, Harmen, 24
Karel de Grote, 9
Kinnema van, Martha, 133
Klasema, Wiebe Durks, 23
Klases, Auke, 66, 89
Klases, Berber, 235
Kleer de, Goverdinus, 15
Koe de, 38
Koëller, Ds. Ph., 112
Koopmans,Albert Pieters, 236
Koopmans, Klaas Aedes, 21
Koopmans, Okjen Alberts, 236
Koopmans, Pieter Rientses, 236
Koopmans, Rients Pieters, 236
Koopmans, Sjoerd Tjallings, 236
Koopmans,. Tjalling Charles, 82, 179, 236
Koopmans, Tjalling Pieters, 236, 238
Kroles, Wytske Pieters, 126

Radys, Gepke, 73
Reiners, Jydts, 138
Reiners, Popck, 157
Reyners, Heert, 122
Reynskes, Jacob, 79
Riencks, Lolck, 115
Ringnalda, Willem H., 32, 33
Rinkes, Aaltje, 117
Rinshoven, Fokke Johannes, 32
Roussel van, Jacob, 129

Saksen van, Albrecht, 170
Saksen van, George, 170
Schuitemaker, Anna, 13
Schuurmans, Thomas Ottes, 33
Sibes, Etha, 168
Siersma, Fetje Ages, 239
Sijbes, Janke, 73
Sijbrens, Antje, 100
Sijperda, Hiske Rintjes, 235
Sikkel, Hendrina Elisabeth, 235
Sioerdts, Klaas, 131
Sipkes, Jentie, 83
Sjoerds, Wybe, 52, 68
Sjoerds, Hauk, 51, 52
Sjoukes, Geert, 43
Smids, Wiebe, 14
Steffens, Jurjen, 139
Stilma, Lubbrich Martens, 235
Stoute de, Karel 170
Sybes, Janke, 53
Sydses, Pier, 157
Sytses, Wobbe, 130

Taeckes, Aefke, 147
Taeckes, Atte, 147
Taeckes, Claeske, 147
Taeckes, Hebbe, 147
Taeckes, Taecke, 147
Taeckes, Uilcke, 147

Bijlage 3.

Bronvermelding.

Toelichting:

a. De nummers verwijzen naar het nummer van de persoon in de kwartierstaat op wie de bronverwijzing van toepassing is.
b. Als dit nummer gevolgd wordt door "etc." houdt dit in dat de bronverwijzing eveneens geldt voor het voorgeslacht van de betreffende persoon.
c. FK = "Frysk Kertiersteateboek", een uitgave van het Genealogysk Wurkferbân van de Fryske Akademy. Leeuwarden 1996.
d. Jierboek = het "Genealogysk Jierboek" van de Fryske Akademy voor het genoemde jaar.
e. Gens Nostra = Maandblad van de Nederlandse Vereniging voor Genealogie.

24 etc. Kwartierstaat Jager-van Essen in FK, door K.J. Bekkema. De gegevens zijn aangevuld met eigen onderzoek.
40 etc. - "De Buma's van Jutrijp-Hommerts" door Dr. T.J. Buma in Gens Nostra Februari 1975, en diverse vervolgpublicaties van dezelfde auteur, o.a.:
   - "Geschiedenis van een Familie Buma" door Dr. T.J. Buma, 1995
83 etc. "Carolus-Crolis-Croles-Krolis-Kroles'' door M.J. van Lennep in Jierboek 1969.
87 etc. - "Cnossen-Knossen, Geschiedenis van een Friese Familie", uitgegeven door de familievereniging C(K)nossen, 1988.
   - Kwartierstaat Cnossen-Cnossen in FK.
   - Kwartierstaat Anne Sjirks Cnossen door Gerrit Twijnstra (internet).
110 etc. Kwartierstaat Trijntje Thoma (internet)
128 "Baard, een blik door de eeuwen heen" door Jan Bijlsma, 2007
134 "Tietjerksteradeel, Inwoners vóór 1811" door P. Nieuwland.
178 etc. Genealogie Johan Friedrich Robert Wilhelm (internet).
208 "Friezen uit vroeger eeuwen", Opschriften uit Friesland 1280-1811 door drs. Hessel de Walle.

211	Kwartierstaat Rypkema-Keulen in FK.
298	Parenteel Wiarda op internet.
370 etc.	Pedigree of Carmen Beatrix Greydanus, door Anthony Hofstee (internet).
372 etc.	Kwartierstaat De Vries-Beuker in FK
376 etc.	"Het Geslacht Muurling" door P.J. Ritsema.
392 etc.	Kwartierstaat Heidinga door Anthony Hofstee (internet).
422 etc.	- Kwartierstaat De Vries-Beuker in FK. - "De neiteam fan Jencke Aerns en Anna Dircksdr." In Jierboek 1967.
442	Zij zijn de ouders van Trijntje Douwes volgens "Matrilineaire afstamming Hiemstra" in "11 en 30" (kwartaalblad afd. Friesland NGV) no. 28, oktober 2002.
483 etc	- Parenteel Lieuwe Gabbesz op website van Philip van Gelderen. - Parenteel Schotanus op website van P. de Jong. - Kwartierstaat Stoker-Bakker in FK. (N.B. De gegevens uit deze bronnen stemmen niet geheel overeen).
642	- "Het Geslacht Duim, Genealogie van een Friese Familie" door A.F.E. Duim, Hilversum 1989. - Geschiedenis van een Familie Buma, door Dr. T.J. Buma, 1995.
772	Kwartierstaat Van der Vee-Wouda in FK.
1284	"11-en-30", (kwartaalblad van de afdeling Friesland van de N.G.V.) no. 34, april 2004.
1508	Bron: www.heimatfest.de/pdf/Haltern-Gebbriefe.pdf.
1509 etc.	"Van Fûgelsang tot Fogelsanghstate" door K. Kuiken, R. Postma en D.J. van der Meer, Uitgeverij Banda BV Kollum/Heerenveen 2003.
1553 etc.	Kwartierstaat Andrys Stienstra op internet.
1576 etc.	Kwartierstaat Heidinga door Anthony Hofstee (internet).
3076 etc.	Kwartierstaat Klaas Bekkema op internet.
3104	"Geschiedenis van Smallingerland" door P. van Schaik en J.J. Spahr van der Hoek, 1976.
3206 etc.	Genealogie van de fam. Broersma op internet.
6208	Kwartierstaat Hoff-van der Brug in FK.
11192	"Buma's in Friesland" door Dr. T.J. Buma, 2^e aangevulde en verbeterde druk 1998.
22376 etc.	Kwartierstaat Dreyer-Scheltinga in FK

Bijlage 4

Bijzondere familieverwantschappen
(zie Hoofdstuk 20)

1a. Hendrik Koopmans en Minke Jager

656	Freerk Goitjes	=	2010	Freerk Goitjes
657	Meinou Thyssens	=	2011	Meinou Thyssens
328	Mathijs Freerks		1005	Rint Freercx
329	Trijntje Lolkes		1004	Hertzen Abes
164	Pyter Matijsen		502	Abe Hertsens
165	Kiele Reins		503	Gerbrich Feytes
82	Taede Pyters Walma		251	Rints Abes
83	Maaike Pieters Croles		250	Jan Sytses
41	Korneliske Taedes Walma		125	Meinke Jans
40	Sytse Pieters Buma		124	Eeltje Lieuwes Bootsma
20	Pieter Sytses Buma		62	Lieuwe Eeltjes Bootsma
21	Jeltje Reintjes Brugts		63	Grietje Gerrits Boelens
			31	Eelkjen Lieuwes Bootsma
10	Sijmen Pieters Buma		30	Rimmelt Piers Visser
11	Geertje Jacobs de Jong			
			15	Minke Rimmelts Visser
			14	Anne Jacobs van Netten
5	Elizabeth Sijmens Buma			
4	Ruurd Hendriks Koopmans		7	Froukje Annes van Netten
			6	Jeen Sipkes Jager
2	Hendrik Ruurds Koopmans +		3	Minke Jeens Jager
3	Minke Jeens Jager +		2	Hendrik Ruurds Koopmans

Ib. Hendrik Koopmans en Minke Jager.

5596	Sierk Sydses	=	8054	Sierk Sydses	
5597	Hid Leuckes	=	8055	Hid Leuckes	
2798	Seerp Sierks		4027	Jets Sierks	
2799	Eemck Ydses		4026	Nolke Jans	
1399	Hid Seerps		2013	Hid Nolkes	
1398	Lolke Engeles		2012	Age Feytes	
699	Jets Lolckes		1006	Feyte Ages	
698	Wybe Ages		1007	Marij Jacobs	
349	Jel Wybes		503	Gerbrich Feytes	
348	Sierck Johans Cnossen		502	Abe Hertsens	
174	Johan Siercks Cnossen		251	Rints Abes	
175	Sibbeltje Annes		250	Jan Sytses	
87	Jeltje Johans		125	Meinke Jans	
86	Sijmen Ekkes		124	Eeltje Lieuwes Bootsma	
43	Sibbeltje Simons		62	Lieuwe Eeltjes	
42	Reintje Hendriks Brugts		63	Grietje Gerrits Boelens	
21	Jeltje Reintjes Brugts		31	Eelkjen Lieuwes	
20	Pyter Sytses Buma		30	Rimmelt Piers Visser	
10	Sijmen Pieters Buma		15	Minke Rimmelts Visser	
11	Geertje Jacobs de Jong		14	Anne Jacobs van Netten	
5	Elizabeth Sijmens Buma		7	Froukje Annes van Netten	
4	Ruurd Hendriks Koopmans		6	Jeen Sipkes Jager	
2	Hendrik RuurdsKooopmans+		3	Minke JeensJager	
3	Minke Jeens Jager	+	2	Hendrik Ruurds Koopmans	

Ic. Hendrik Koopmans en Minke Jager

1154	Evert Riencks	=	844	Evert Riencks
1155	Trijntje Jans	=	845	Trijntje Jans

577	Beike Everts		422	Jentje Everts
576	Gerrit Anskes		423	Elbrich Gerbens

288	Jan Gerrits		211	Klaaske Jentjes
289	N.N.		210	Bouwe Geerts

144	Anske Jans		105	Elbregtje Bouwes
145	Hotske Hilles		104	Sjouke Tymens

72	Alles Anskes Fortuin			
73	Tjitske Linses		52	Tymen Sjoukes van Essen
			53	Feykjen Wessels
36	Anske Alles Fortuin			
37	Feikjen Ruurds			
			26	Sjouke Tymens van Essen
18	Ruurd Anskes Fortuin		27	Stijntje Gabes Venema
19	Durkje Alberts Kamstra			

9	Tjitske Ruurds Fortuin		13	Doetje Sjoukes van Essen
8	Hendrik Aedes Koopmans		12	Sipke Tjeerds Jager

4	Ruurd Hendriks Koopmans	6	Jeen Sipkes Jager
5	Elizabeth Sijmens Buma	7	Froukje Annes van Netten

2	Hendrik Ruurds Koopmans	3	Minke Jeens Jager
3	Minke Jeens Jager	2	Hendrik RuurdsKoopmans

II. Pieter Jelles Troelstra en Minke Jeens Jager

384	Jentje Everts	=	422	Jentje Everts
385	Elbrich Gerbens	=	423	Elbrich Gerbens

192	Jelle Jentjes		211	Klaaske Jentjes
193	Rents Gerryts		210	Bouwe Geerts

96	Jentje Jelles		105	Elbregtje Bouwes
97	Bauck Feddricks		104	Sjouke Tymens

48	Jelle Jentjes Troelstra		52	Tymen Sjoukes van Essen
49	Martzen Pytters		53	Feykjen Wessels

24	Pieter Jelles Troelstra		26	Sjouke Tymens van Essen
25	Trintje Alerts Jonkman		27	Stijntje Gabes Venema

12	Jelle Pieters Troelstra		13	Doetje Sjoukes an Essen
13	Grietje Dirks Landmeter		12	Sipke Tjeerds Jager

6	Pieter Jelles Troelstra	6	Jeen Sipkes Jager
7	Sjoukje M. D. Bokma de Boer	7	Froukje Annes van Netten

3	Minke Jeens Jager
2	Hendrik Ruurds Koopmans

237

III. Pieter Sjoerds Gerbrandy en Hendrik Ruurds Koopmans

512	Evert Riencks	=	1154	Evert Riencks
513	Trijntje Jans	=	1155	Trijntje Jans

256	Albert Everts		577	Beike Everts
257	Hinke Binzes		576	Gerrit Anskes

128	Evert Alberts		288	Jan Gerrits
129	Berber Klazes		289	N.N.

64	Gerben Everts		144	Anske Jans
65	Grietje Annes Wijtsma		145	Hotske Hilles

32	Jouke Gerbens Gerbrandy		72	Alle Anskes Fortuin
33	Jetske Sjoerds Algera		73	Tjitske Linses

16	Sjoerd Joukes Gerbrandy		36	Anske Alles Fortuin
17	Lubbrich Martens Stilma		37	Feikjen Ruurds

			18	Ruurd Anskes Fortuin
8	Jouke Sjoerds Gerbrandy		19	Durkjen Alberts Kamstra
9	Hiske Rintjes Sijperda			
			9	Tjitske Ruurds Fortuin
			8	Hendrik Aedes Koopmans

4	Sjoerd Joukes Gerbrandy			
5	Jeltje van der Zijl		4	Ruurd Hendriks Koopmans
			5	Elizabeth Sijmens Buma

2	Pieter Sjoerds Gerbrandy		2	Hendrik Ruurds Koopmans
3	Hendrina Elizabeth Sikkel		3	Minke Jeens Jager

IVa. Tjalling Charles Koopmans en Minke Jeens Jager.

268	Jentje Everts	=	422	Jentje Everts
269	Elbrich Gerbens	=	423	Elbrich Gerbens

134	Gerben Jentjes		211	Klaaske Jentjes
135	Beitske Doedes		210	Bouwe Geerts

67	Mayke Gerbens		105	Elbregtje Bouwes
66	Albert Gerryts		104	Sjouke Tymens

32	Rients Pytters Koopmans		52	Tymen Sjoukes van Essen
33	Beitske Alberts Alberda		53	Feykjen Wessels

16	Pieter Rientses Koopmans		26	Sjouke Tymens van Essen
17	Okjen Taedes de Jong		27	Stijntje Gabes Venema

8	Tjalling Pieters Koopmans		13	Doetje Sjoukes van Essen
9	Rigtje Sjoerds Joustra		12	Sipke Tjeerds Jager

4	Sjoerd Tjallings Koopmans		6	Jeen Sipkes Jager
5	Wytske van der Zee		7	Froukje Annes van Netten

2	Tjalling Charles Koopmans		3	Minke Jeens Jager
3	Truus Wanningen		2	Hendrik Ruurds Koopmans

IVb. Tjalling Charles Koopmans en Hendrik Ruurds Koopmans

536	Evert Riencks	=	1154	Evert Riencks
537	Trijntje Jans	=	1155	Trijntje Jans
268	Jentje Everts		577	Beike Everts
269	Elbrich Gerbens		576	Gerrit Anskes
134	Gerben Jentjes		288	Jan Gerrits
135	Beitske Doedes		289	N.N.
67	Mayke Gerbens		144	Anske Jans
66	Albert Gerryts		145	Hotske Hilles
32	Rients Pytters Koopmans		72	Alle Anskes Fortuin
33	Beitske Alberts Alberda		73	Tjitske Linses
16	Pieter Rientses Koopmans		36	Anske Alles Fortuin
17	Okjen Taedes de Jong		37	Feikjen Ruurds
8	Tjalling Pieters Koopmans		18	Ruurd Anskes Fortuin
9	Rigtje Sjoerds Joustra		19	Durkjen Alberts Kamstra
4	Sjoerd Tjallings Koopmans		9	Tjitske Ruurds Fortuin
5	Wytske van der Zee		8	Hendrik Aedes Koopmans
2	Tjalling Charles Koopmans		4	Ruurd Hendriks Koopmans
3	Truus Wanningen		5	Elizabeth Sijmens Buma
			2	Hendrik Ruurds Koopmans
			3	Minke Jeens Jager

N.B. De gezamenlijke familienaam Koopmans berust hier op een
toevalligheid en niet op familieverwantschap. In 1811 namen
tientallen gezinshoofden die niet aan elkaar verwant waren de
naam Koopmans aan.

V. Elizabeth Koopmans (no. 1c) en Albert Jorrit Wiersma (echtgenoot)

576	Pytter Eelckes	=	496	Pytter Eelkes
577	Griettie N.	=	497	Griettie N.
288	Lieuwe Pytters		248	Lieuwe Pyters
289	Ockjen Wates		249	Tjitske Wybes
144	Pyter Lieuwes		124	Eeltje Lieuwes Bootsma
145	Elbrig Tjallings		125	Meinke Jans
72	Rients Pieters		62	Lieuwe Eeltjes Bootsma
73	Beitske Alberts Alberda		63	Grietje Gerrits Boelens
36	Pieter Rientses Koopmans		31	Eelkjen Lieuwes Bootsma
37	Okjen Taedes de Jong		30	Rimmelt Piers Visser
18	Albert Pieters Koopmans		15	Minke Rimmelts Visser
19	Tjitske Klazes Hilverda		14	Anne Jacobs van Netten
9	Okje Alberts Koopmans			
8	Jorrit Jorrits Wiersma		7	Froukje Annes van Netten
			6	Jeen Sipkes Jager
4	Albert Jorrits Wiersma			
5	Sjoukje Asselman			
			3	Minke Jeens Jager
2	Jorrit Alberts Wiersma		2	Hendrik Ruurds Koopmans
3	Froukje van der Velde			
1	Albert Jorrit Wiersma		1c	Elizabeth Koopmans
	Elizabeth Koopmans			Albert Jorrit Wiersma

VI. Hendrik H. Koopmans (1i) en Froukje Douma (echtgenote)

116	Age Klazes	=	66	Age Klazes
117	Dooitske Harmens	=	67	Dooitske Harmens

58	Harmen Ages Dijkstra	33	Sjoukjen Ages Dijkstra
59	Cornelia Willems Ferwerda	32	Pieter Anes Koopmans

29	Doedske Harmens Dijkstra	16	Aede Pieters Koopmans
28	Roelof Willems Molenmaker	17	Jetske Pieters Hendriksma

14	Hendrik Roelofs Molenmaker	8	Hendrik Aedes Koopmans
15	Fetje Ages Siersma	9	Tjitske Ruurds Fortuin

7	Froukje Hendriks Molenmaker	4	Ruurd Hendriks Koopmans
6	Willem Ruurds Boeyinga	5	Elizabeth Sijmens Buma

3	Sytske Willems Boeyinga	2	Hendrik Ruurds Koopmans
2	Klaas Johannes' Douma	3	Minke Jeens Jager

1	Froukje Douma	1i	Hendrik Koopmans
	Hendrik Koopmans		Froukje Douma

www.ingramcontent.com/pod-product-compliance
Lightning Source LLC
Chambersburg PA
CBHW052035090426
42739CB00010B/1923